Les jeunes, c'est ~~l'avenir !~~ le présent

JEAN MASSIET

Les jeunes, c'est ~~l'avenir !~~ le présent

PARCE QUE LA DÉMOCRATIE
A BESOIN DES JEUNES
ET VICE VERSA

PAYOT

Retrouvez l'ensemble des parutions
des Éditions Payot sur

www.editions-payot.fr

Introduction

L'enjeu de la décennie

Certains jeunes qui me reconnaissent dans la rue viennent me serrer la main en me disant : « Moi, tu sais, la politique, je m'en fous. » Et là, ils partent dans un tunnel pour m'expliquer leur rapport à la politique. Alors, je leur dis simplement : « Pour quelqu'un qui s'en fout, tu as pas mal de choses à dire… En tout cas, tu as un discours contre la politique, contre les partis. Et ça, c'est clairement politique ! »

La base de mon travail sur Twitch consiste à répéter que la politique, ce n'est pas un gros mot, que les jeunes qui me suivent ne vont pas perdre leur âme en s'y frottant. Ils ont le droit de s'y intéresser en gardant leur distance critique. Ils ont le droit d'être saoulés de voter pour des gens avec qui ils ne sont pas d'accord. Ils ont le droit de voter pour des gens avec qui ils ne sont pas tout à fait d'accord, mais pour de très bonnes raisons. Et ils ont même le droit de s'abstenir !

Ce que les politiques ont du mal à comprendre, c'est que la prise de distance inédite des jeunes à leur égard ne traduit pas un dédain narcissique, les uns se mirant dans leur petite cause et les autres dans leur avatar sur Fortnite. Elle signale une exigence – et une exigence déçue.

C'est le fond de ce livre : expliquer la rencontre manquée entre la politique à l'ancienne et les aspirations politiques nouvelles, multiformes, qu'on rencontre au sein de la jeunesse, puis explorer les conditions pour que cette rencontre advienne.

La jeunesse est éminemment plurielle, des forums de jeux vidéo aux activistes du climat. Sous les radars des adultes, qui n'en décèlent souvent que des signaux incomplets et caricaturés, les jeunes expérimentent des formes innovantes d'engagement, mais aussi de gouvernance et d'action collective. Ils réinventent la délégation. Ils fourmillent d'initiatives.

Ce bouillonnement se produit non seulement loin des institutions (et notamment des partis), mais aussi parfois contre elles. C'est pourquoi organiser la rencontre entre ces deux mondes, celui qui émerge et celui qui peine aujourd'hui à survivre, est une urgence démocratique.

C'est évidemment dans l'intérêt des jeunes que de se connecter aux circuits de la parole et de la décision qui « fabriquent » le monde. Ils ont leur mot à dire dans ces instances, des enjeux à faire valoir. Mais c'est aussi l'intérêt des adultes, des institutions, des organisations grandes et petites, d'incorporer ces nouvelles voix qui ouvrent souvent de nouvelles voies. La politique actuelle, très appauvrie, produit des décisions mal instruites et des politiques publiques bancales. Elle se nourrit de représentations tronquées – et j'entends ici représentation à tous les sens du terme : cognitif et intellectuel, mais aussi politique et institutionnel. C'est dans notre intérêt à tous de faire en sorte que les politiques représentent et se représentent mieux le monde – en 3D et non plus en 2D. Il est primordial que la rencontre se fasse, non seulement entre les bouts de la société qui ne se parlent pas, mais aussi entre les politiques et la société.

La balle est dans le camp des adultes, et des politiques en premier lieu. C'est à eux de se bouger pour faire une place aux plus jeunes : à leur manière de penser, de vivre et à leurs aspirations pour vivre ensemble.

Faute de vouloir cette rencontre, la démocratie peut rapidement être en péril. J'écris ces lignes le 8 juillet 2024, au lendemain du deuxième tour des législatives à la suite de la dissolution improvisée de Macron : je pèse mes mots, il y a urgence. Si la démocratie ne se met pas en prise avec les nouvelles circulations de la parole, si elle continue à tenir en lisière les « radicaux » et à ne pas s'inquiéter de ceux qu'on n'entend pas, elle prendra de plein fouet des attaques surgies du cœur de ces silences et de ces colères. C'est ce qui se passe quand on ne partage plus la même réalité.

On a beaucoup incriminé (à raison) les réseaux sociaux, les *fake news*, etc. dans le dévoiement des démocraties libérales. Et là encore on fait des jeunes le point focal de tout ce qui va mal. Mais quand on explore les mondes numériques, y compris chez des ados soi-disant dépolitisés, on s'aperçoit que ce sont eux, à bas bruit, qui développent les anticorps dont nos démocraties ont besoin. Pour apprivoiser ce monde numérique qui plie la démocratie, il faut puiser dans les attentes et les pratiques de la jeunesse. C'est elle qui a les clés, et c'est l'une des raisons pour lesquelles il est aussi urgent de l'associer plus étroitement à la vie politique et sociétale.

Je ne suis certainement pas un porte-parole de la jeunesse (ni d'ailleurs un jeune ☺). Je ne gagne pas ma vie en crachant sur la politique, mais en la faisant découvrir à des jeunes, dont une partie en est très éloignée, sur des médias dont la plupart des adultes connaissent à peine l'existence. Je mesure cet éloignement, j'en saisis chaque jour les dégâts probables.

Mais j'observe aussi au quotidien les modes de pensée parfaitement nouveaux qui s'expriment sur mon *chat*, et la chance qu'ils représentent pour une démocratie qu'on ne peut pas laisser s'abîmer dans la chute du vieux monde.

Il faut être lucide : tout d'abord, constater la décrépitude de ce vieux monde, en saisissant à quel point le regard qu'il porte sur les jeunesses est désormais calcifié – et en comprenant pourquoi les jeunes lui renvoient, comme en miroir, la disqualification systématique qu'il leur fait subir.

Ensuite, observer l'incroyable potentiel politique des différentes jeunesses, capables d'organiser des mondes virtuels comme de bousculer le monde réel en réinventant les structures mêmes de l'action politique : mobilisation, délégation, leadership… Les règles changent et ce qui émerge est vraiment très, très intéressant. Évidemment, pour le voir, il faut changer de lunettes !

Enfin, explorer, à travers des initiatives locales ou des propositions institutionnelles de plus grande portée, les voies et moyens d'une connexion entre les jeunesses et la démocratie – pour sauver la démocratie de la décrépitude à laquelle l'état du vieux monde la condamne.

Demain ? Non. Aujourd'hui. Car si la démocratie a un besoin vital des jeunes, les jeunes ont aussi un besoin vital de démocratie.

PREMIÈRE PARTIE

Le vieux monde fait de la résistance

Un monde politique épuisé

En 2022, sur *Backseat*, on a reçu Yannick Jadot, alors candidat à l'élection présidentielle. Il était dans un état d'épuisement avancé. Une campagne présidentielle, c'est crevant. Ma première question allait donc de soi : « Comment allez-vous, Yannick Jadot ? » Alors qu'il était arrivé à l'émission manifestement rincé, il me répond : « Ça va bien. »

Cette réponse est le symptôme de toute une époque. Une époque qui ne demande qu'à changer : quand je lui ai fait remarquer que sa réponse n'était absolument pas crédible et que son visage trahissait son état, il s'est marré et m'a dit : « Oui, je suis vraiment crevé parce qu'hier, j'avais un meeting, ce soir, j'en ai encore un après l'émission et je ne dors que quelques heures par nuit. C'est épuisant et je suis crevé. »

Sur ce, on a vraiment pu démarrer l'interview.

Qu'est-ce qui s'est passé ? Je l'ai empêché de s'engouffrer dans le paraître. Et ça a fonctionné puisque dans la suite de l'émission, il a parlé avec ses tripes, on sentait ses convictions. Ça sonnait juste.

La question est : pourquoi les politiques essaient de se faire passer pour des super-héros ?

Le storytelling, un mal venu du XXe siècle

Qu'est-ce qui pousse un politique lessivé en pleine campagne présidentielle à me répondre qu'il va tout à fait bien alors qu'il a des valises sous les yeux qui pèsent plus lourd qu'un ciel de novembre ? Mesdames et messieurs, sous vos applaudissements : la religion du storytelling !

Le storytelling, en communication politique, c'est l'art de transformer les candidats en produits marketing bons à être élus. L'idée est simple : en marketant la personnalité d'un candidat, on va mettre en évidence des pans de sa vie ou de sa personnalité qui vont plaire à l'électorat que l'on vise. Les électeurs ne sont plus des citoyens, mais une *cible*. On leur fait du placement de produit !

Dès lors, les personnalités politiques mettent en scène leur vie familiale, montrent leur femme ou leur mari, leurs enfants. Elles fendent l'armure juste ce qu'il faut, se montrent touchantes sur un souvenir, une anecdote, mais intransigeantes sur l'essentiel bien sûr. Elles évoquent leur roman préféré (les politiques lisent beaucoup, toujours – on se demande bien quand), etc. Tout ça, c'est fake. Et ça énerve considérablement les citoyens qui veulent de la démocratie et ne sont pas là pour écouter des salades.

La politique à la papa sonne faux pour tous ceux qui sont nés après 1994, mais tout le monde s'en cogne, parce que ça marche encore suffisamment pour gagner les élections ; et pour cause : les plus de 60 ans sont les plus nombreux. Et ce sont eux qui font les élections, parce qu'ils votent massivement. Macron est un cas d'école de ce point de vue : en 2022, il n'y avait que chez les plus de 60 ans qu'il arrivait en tête, et c'est passé quand même.

Spoiler : les plus de 60 ans ont longtemps été la catégorie qui votait le moins pour l'extrême droite, mais ce n'est plus le cas, et c'est l'une des raisons pour lesquelles le RN a crevé le plafond de verre.

Bref, notre système politico-médiatique prend l'eau.

Des politiques taillés sur mesure pour le petit écran

Une des raisons de cette faillite, c'est qu'une bonne partie des politiques ne s'adressent plus qu'aux seniors, et que LE média des seniors, c'est la télévision. Les politiques se fabriquent une personnalité, une image, qui sont complètement calées sur les ressorts et les besoins de la télévision.

Les recettes : avoir la parole facile, être propre sur soi, plaire aux vieux. De préférence être un homme, ça rassure. Et un homme viril, façon Chirac, ou superintelligent, façon Macron. Bref, un surhomme, *aka* un bon client pour les talk-shows du petit écran.

On est en 2024, mais on pourrait aussi bien être en 1986. Ça marche exactement pareil : des *spin doctors* fabriquent un *storytelling* relayé par des médias verticaux. Télé, radio, presse écrite. Une parole bien formatée, qui descend du ciel. Et de la politique qui ressemble à de la com. Et c'est ainsi qu'une bonne partie des politiques sont restés coincés dans les années 1980. Nous vivons dans ce qu'on pourrait appeler l'ancien régime. Pas celui d'avant la Révolution française, mais le monde des institutions et des médias du XXe siècle.

Nous continuons de payer cher la rencontre désastreuse entre deux mondes : celui de la télé, qui domine la politique depuis la victoire de Kennedy en 1960, et celui des institutions de la Ve République, qui ont été taillées sur mesure pour le général de Gaulle et centrent tout sur la personne du président.

Et le pire, c'est qu'en entrant dans le XXIe siècle, on a renforcé les défauts du système. Depuis la mise en place du quinquennat en 2000, et la décision dans la foulée d'organiser la présidentielle *avant* les législatives, toute notre vie politique s'est concentrée sur la présidentielle. Et la campagne pour la présidentielle est LE *show* télé par excellence. Une vraie télénovela ! Les campagnes de Mélenchon ? Des *remontadas*, belles comme des matchs de foot. Macron ? Le jeune premier qui doit forcément, à la fin, épouser la belle Marianne. Et bien sûr, les très méchants : le vieux Le Pen crevait l'écran, mais Zemmour se débrouille bien. Et enfin des *sidekicks* qu'on aime bien comme Poutou.

La télé impose ainsi tout un tas de contraintes : présenter bien, avoir réponse à tout, délivrer des punchlines… Ceux qui répondent à ces critères font-ils de *bons* dirigeants ? Non. Ça fait de bons élèves. Ou d'*excellents* représentants de commerce. Avoir réponse à tout, c'est formidable dans une émission de télé. Ceux qui savent faire ça, dans le jargon des médias, on les appelle des « bons clients ». Il y en a chez les politiques, comme chez les intellos.

Mais avoir réponse à tout, ce n'est pas forcément ce qu'on attend d'un élu, ni d'un intellectuel, d'ailleurs. Savoir écouter, prendre le temps de réfléchir, de comprendre. Avouer qu'on ne sait pas. Consulter. Voilà davantage des qualités essentielles pour un représentant du peuple, non ?

Et pourtant, l'ancien régime continue à produire des politiques qui ont réponse à tout et passent bien dans le poste. Il amène au pouvoir des gens *convaincants*, mais pas nécessairement convaincus des batailles à mener et encore moins capables de les mener.

S'il y a bien une crise démocratique en France, elle arrive par une crise médiatique. Les élites qui sortent du système sont des élites façonnées pour la télé. Même Bardella, avec ses selfies et son compte TikTok : c'est un pur produit marketing, qui exploite juste un ou deux canaux supplémentaires. Mais il fait du storytelling comme les autres : culte du corps, enfance en banlieue, mythe du self made man… Tout y est !

Problème : sélectionner un candidat sur sa capacité à projeter une image, ce n'est pas l'idéal pour un pays aux prises avec des crises systémiques majeures.

Le mythe de la rupture

Car le grand souci du storytelling, c'est qu'il est fait pour les campagnes, pas pour l'exercice du pouvoir. Ça fonctionne jusqu'au soir de l'élection, mais après ? Ils furent heureux et eurent beaucoup d'enfants ? Eh non. Le lendemain de l'élection, ils eurent plutôt beaucoup d'emmerdes.

La politique de l'ancien régime sélectionne mal et promet trop. Elle escamote les problèmes au profit de solutions toutes faites qu'on peut expliquer en trois minutes sur TF1 ou plus simplement encore au profit d'une bonne dose d'indignation, avec un zest de bon sens, mais sans la moindre piste pour trouver une solution. De ce point de vue, les tergiversations de l'extrême droite pendant l'entre-deux-tours des législatives improvisées de 2024 étaient très symptomatiques : lorsqu'on a grandi et grossi dans l'opposition systématique et que les portes du pouvoir semblent brusquement à portée de main, c'est la panique…

Le storytelling amène à survendre des changements radicaux. Regardez Macron : son livre de campagne de 2016 s'appelait *Révolution*, rien que ça ! Sarko en

2007 ? La « rupture ». Hollande en 2012 ? « Le changement, c'est maintenant. » Et Bardella en 2024, qui se pose comme la seule alternative possible aux partis traditionnels, aboutissant très symptomatiquement à ce slogan aussi spontané qu'absurde : « Le RN, on n'a jamais essayé. » Et tous cherchent à se faire passer pour l'homme providentiel, celui par qui tout va changer.

Et quand ces « hommes providentiels » arrivent au pouvoir, l'enthousiasme cède rapidement la place à une déception abyssale. Une déception qui fait implacablement monter l'abstention.

Un spectacle sans public

En concentrant tout sur l'élection présidentielle et sur la personne du président, l'ancien régime produit une version réduite et simplifiée de la politique, de moins en moins en prise avec les questions de fond. Une version de plus en plus difficile à vendre parce que le public y croit de moins en moins.

Les politiques et politologues s'inquiètent de l'abstention, ils voient grandir la défiance. Leur grand truc, c'est de culpabiliser ceux qui s'abstiennent, et en premier lieu les jeunes. Comme si c'étaient eux le problème ! Mais si le public déserte, peut-être que la pièce est mauvaise ?

Surtout, il y a plus grave. Quand on parle d'abord aux plus âgés, quand on fait des politiques pour leur plaire, on court le risque de s'égarer. On s'obsède sur les trucs qui leur font peur : l'immigration, l'insécurité ! On fait une réforme des retraites hyper brutale pour les plus jeunes sans toucher un cheveu de ceux qui sont déjà en retraite.

Inversement, on a tendance à négliger des questions hyper sérieuses qui concernent principalement les jeunes. Un exemple ? Depuis le Covid, les jeunes font de plus en plus la queue à l'aide alimentaire – je veux dire qu'une partie d'entre eux n'ont plus de quoi manger : ils représentent la moitié des bénéficiaires des Restos du Cœur depuis 2020 ! Cela aurait dû faire scandale à l'époque. Au lieu de ça, la ministre de l'Enseignement supérieur n'était même pas présente aux conférences de presse du Premier ministre sur le sujet. On aurait pourtant bien aimé l'entendre sur les dispositifs mis en place pour tenter de venir en aide à une jeunesse à l'agonie car privée de ses jobs étudiants. Mais à l'évidence, ce n'est pas un sujet majeur.

Les politiques ne prennent pas ces questions au sérieux. Ils ne les traitent pas avec la même ardeur qu'ils déploient pour répondre aux inquiétudes des vieux. En vérité, les sujets qui préoccupent les jeunes sont systématiquement balayés : ils sont méprisés, traités avec désinvolture, même quand on parle de manger à sa faim alors qu'on est étudiant au pays des droits de l'homme.

Or, une démocratie qui regarde en arrière, c'est une démocratie qui va dans le mur : ce n'est pas parce que les jeunes votent moins qu'il ne faut pas faire une politique tournée vers l'avenir, et donc tournée vers eux. Cette obsession électoraliste débile qui oblige le monde politique à se conformer aux attentes du XXe siècle pour être élu est une catastrophe : pour les jeunes en premier lieu, bien sûr, mais aussi pour le pays tout entier.

Le monde derrière des lunettes de presbyte

Le monde politique ne comprend plus la société qu'il a en face de lui. Ce n'est pas seulement qu'il représente surtout les vieux. C'est qu'il se représente la société à travers des lunettes de vieux !

Vous en avez déjà mis ? Essayez. On n'y voit pas grand-chose. Eh bien c'est exactement ce qui arrive aux politiques actuellement : ils passent complètement à côté des besoins et des intérêts des non-vieux. Et ils partent dans des délires de vieux.

Les chômeurs ? Des feignasses ! On va rogner leurs droits. Les Arabes ? Des délinquants, des terroristes, ou les deux. Les LGBTQIA+ ? Des déviants. Les écolos ? Des fous furieux ou des doux rêveurs. Internet et les nouvelles technologies ? On n'y comprend rien. Tout ce qui n'est pas raisonnable et rassurant ? De l'extrémisme.

Vu à travers des lunettes de presbyte, le monde est terriblement flippant ! Résultat : on se cramponne à ses certitudes, on s'accroche à ses acquis en espérant que le monde ralentisse autour… Sauf que le monde ne nous attend pas, et que les périls qui nous guettent sont bien peu appréhendés par nos politiques : il n'est qu'à voir comment les démocraties sont bousculées partout dans le monde, des suites de l'avènement des réseaux sociaux et de l'utilisation qui peut en être faite pour déstabiliser l'opinion… Et nous n'en sommes qu'au début des réjouissances !

Pendant ce temps, on fantasme une France sépia, celle des années 1950, en oubliant allègrement tout ce qu'elle avait de bien moche – les guerres coloniales et l'obligation d'y participer (pour les appelés en Algérie), la dureté de l'existence, les logements sans toilettes, les avortements clandestins et la tolérance zéro envers un sacré paquet de gens, des homos aux « filles-mères » comme on disait[1].

---

1. Pour un tableau plus complet, et pour vous convaincre que je ne déconne pas sur les logements sans toilettes (bon, j'avoue, il y en avait, mais elles étaient sur le palier), une belle référence : Louis Ploton, *Comprendre d'où viennent les vieux. Pour un dialogue*

Le pire, c'est que les baby-boomers sont justement la génération qui s'est sortie de tout ça, qui a envoyé paître les vieux cons. Et elle voudrait nous y remettre ?! En tout cas, elle considère avec suspicion tout ce qui ne correspond pas à ses préférences. Sur la laïcité, l'antiracisme, elle est campée sur ses certitudes, forgées aux alentours de 1982. Le monde change ? Pas elle. Et non contente de ne pas s'intéresser aux changements du monde, elle s'enferre dans un déni flippant qui nous rend collectivement extrêmement vulnérables aux ingérences étrangères et autres influences peu amènes…

De crise en crise

Le vieux monde se donne de moins en moins les moyens de comprendre la société, la jeunesse et perd donc en même temps toute capacité de se renouveler. Il produit encore des présidents, mais plus vraiment de majorité. Le roi est nu ! Et ça commence à se voir.

Est-ce que vous réalisez le nombre de crises politiques qu'on a traversées depuis quelques années ? Je ne parle même pas du covid, de la guerre en Ukraine ou de ce qui s'est passé en Israël et de ce qui se joue aujourd'hui à Gaza, et pourtant cela secoue bien la société française. Non, juste nos crises à nous, celles qu'on s'est fabriquées tout seuls.

Allez, on rembobine. 2018 ? Les Gilets jaunes. 2019 ? Toujours les Gilets jaunes, et une première série de manifs sur la réforme des retraites. 2020,

---

entre générations, Toulouse, Érès, 2022. Pendant qu'on y est, sur les appelés en Algérie (1,5 millions de jeunes, quand même), il y a un très beau livre qui raconte ce qu'ils ont vécu, et ce qu'ils ont tu pendant des décennies : *Papa, qu'as-tu fait en Algérie ?* de Raphaëlle Branche (Paris, La Découverte, 2020).

c'est un peu spécial mais on ne peut pas dire qu'il n'y a pas eu de bonnes grosses tensions, sur les confinements ou les vaccins (et on en reparlera, les jeunes ont pris cher). 2022 ? Rien. Ah, si, on avait une élection présidentielle ! 2023 ? Grande année : les grosses manifs contre la réforme des retraites, les émeutes urbaines taille XXL et la criminalisation hallucinante des militants écologistes en marge du conflit des méga bassines à Sainte-Soline. 2024 ? Trois fois rien : une dissolution et la frayeur de voir arriver l'extrême droite au pouvoir par les urnes.

On va de crise en crise. L'une est à peine finie que la suivante commence. Et on n'est pas encore entrés dans le dur du changement climatique…

Quel est le problème ? On serait des *Gaulois réfractaires* (dixit Macron) ? Plus simplement : le système politique est grippé. Rouillé, vieilli. Il n'arrive plus à produire des solutions politiques dignes de ce nom. Les Gilets jaunes réclament de la démocratie, de la reconnaissance ? On leur donne du pouvoir d'achat. Les manifestants contre les retraites parlent conditions de travail, épuisement professionnel ? On leur répond finances publiques (après avoir cramé des milliards pour atterrir après le Covid et pour calmer les Gilets jaunes.) Les jeunes se révoltent ? On leur envoie les CRS.

Dans toutes ces crises, il y a pourtant des choses qui se disent. Les gens s'expriment. À force de n'être qu'à l'écoute des vieux, les politiques ont perdu le sens des réalités sociales. Et les crises, ce sont les réalités qui cognent à la porte.

Un problème avec la représentation

On a aujourd'hui un vrai problème avec la représentation. Trois problèmes, en fait.

Le premier : les représentants politiques qui exercent le pouvoir sont élus par une trop petite partie de la société. On parle de *représentation nationale*, mais le compte n'y est plus. La société est mal représentée, à l'Assemblée et ailleurs. Ça ne date pas d'hier, mais cela s'aggrave. (Ce n'est pas moi qui le dis, c'est l'Observatoire des inégalités[1].)

Deuxième problème : ces représentants *se représentent mal* la société. Ils ne la comprennent plus. Même quand ils veulent sincèrement bien faire, ils manquent l'éléphant au milieu de la pièce. Vous vous rappelez le début des Gilets jaunes ? Une des étincelles qui a mis le feu aux poudres, c'était le passage de 90 à 80 km/h sur les départementales. Bien pour le climat, bien pour la sécurité routière… mais le gars qui prend sa caisse pour aller bosser le matin, ça le gave grave qu'on lui interdise encore un truc, et la prune de 135 balles elle lui reste en travers de la gorge. Résumé en trois temps : ignorance totale de la réalité sociale, décision mal foutue et mal expliquée, crise politique et sociale. Boum ! Et à l'arrivée : 10 milliards à sortir pour éteindre l'incendie.

Troisième problème : comme les décisions, les lois, les règles que produisent les représentants politiques sont mal fichues, et que leur représentativité est contestable et contestée, *l'idée même de démocratie représentative en prend un coup*. La défiance est au plus haut. Là encore il y a des chiffres : 70 % des Français ne font

1. Observatoire des inégalités, « L'Assemblée nationale ne compte quasiment plus de représentants des milieux populaires », 24 mai 2023.

plus confiance à la politique, selon la dernière vague du Baromètre de la confiance du Cevipof (le Centre de recherches politiques de Sciences Po). Et c'est un phénomène bien plus marqué en France qu'ailleurs[1].

Face à ce problème de représentation, il y a une puissante envie de démocratie directe et de participation. Mais ce qu'on observe surtout, c'est une tentative des politiques de refiler le mistigri aux citoyens. Je n'aime pas trop cette version de la démocratie participative qui consiste en gros à demander aux gens de trouver eux-mêmes la solution. Les solutions, souvent, on les connaît. Mais il faut assumer de faire de la politique : de faire des choix. Parfois, la politique, c'est le conflit, c'est le clivage, c'est le rapport de force. C'est faire apparaître vraiment les questions lorsqu'elles sont contrastées, parfois compliquées, justement. Ne pas tourner le dos à la complexité. Or, la politique actuelle simplifie tout : comment peut-on faire croire aux gens que tout est blanc ou noir ? Qu'une solution simple existe à chaque problème ? Mais je m'égare.

Tout ça pour dire que la manière dont on fait de la démocratie participative est souvent très en deçà des attentes, très simpliste. Et quand par hasard c'est bien mené, eh bien on n'en fait rien ! Regardez la Convention citoyenne pour le climat. L'exercice était intéressant, il était intelligent, bien organisé, etc., mais le résultat final des propositions de la Convention a déçu tout le monde, et pour cause : il a été torpillé. Et donc, ça a démonétisé le format même de convention.

---

1. Céline Braconnier et Jean-Yves Dormagen parlent même d'une « démocratie de l'abstention » et notent qu'on n'observe rien de comparable chez nos voisins d'Europe de l'Ouest (Céline Braconnier et Jean-Yves Dormagen « Une démocratie de l'abstention », *in* Jean-Vincent Holeindre (dir.), *La Démocratie entre défis et menaces*, Paris, Sciences Humaines, 2020).

C'est exactement ce qui s'est passé avec le référendum de 2005, quand, finalement, le traité constitutionnel a été adopté sous la forme du traité de Lisbonne. Ça a provoqué une forte déception chez plein de gens qui se sont dit : on nous prend vraiment pour des cons, en vrai il n'y a pas de démocratie.

Il y a quelque chose de décevant quand on fait semblant de donner la parole aux citoyens et qu'on ne les écoute pas. Il ne faut pas s'étonner qu'ils ne la prennent plus, la parole.

C'est une question centrale aujourd'hui : créer les conditions d'une vraie prise de parole, se donner la capacité d'écouter vraiment, et s'assurer qu'une réponse est toujours apportée au problème qui a été soulevé. La réponse, elle peut être négative. On s'en fout, ce n'est pas le sujet. Mais il faut une réponse !

2

Enfermer et punir

Résumé des épisodes précédents : on a un vieux système grippé qui n'arrive pas à se renouveler. Un *show* un peu ringard, qui n'intéresse plus le public.

Ce système ne fonctionne plus que par injonction. Il dit aux jeunes : il faut que vous votiez, il faut que vous vous inscriviez sur la liste électorale, il faut que vous fassiez votre SNU[1], il faut que vous fassiez la preuve que vous êtes des citoyens !

Le vieux monde, son approche de la jeunesse résume tous ses dysfonctionnements. Il passe son temps à s'exciter contre les jeunes. Il ne cherche absolument plus à les comprendre. Il ne sait plus leur parler et il se contrefout de les écouter. Mais il s'en inquiète. Ah, ça, pour s'inquiéter, il s'inquiète !

Il continue à produire des politiques *pour* la jeunesse. Mais, de plus en plus, *sans* la jeunesse. Et, bien souvent, *contre* elle.

Car les vieux s'échinent à s'occuper des jeunes, de mille façons qui tombent toujours à côté, ou presque. Notamment, une piste sans cesse explorée pour résoudre les problèmes que pose la jeunesse aux vieux, c'est de réduire leurs droits – vous noterez que

1. Service national universel.

je formule volontairement ainsi : il ne s'agit plus de résoudre les problèmes des jeunes, mais de résoudre les problèmes que posent les jeunes aux vieux, nuance de taille. L'exemple absolu, c'est le CPE. Vous ne connaissez pas ? C'est normal, vous êtes trop jeunes ! C'était en 2006. J'y étais ! (Je vous rappelle que j'ai *un an de plus* que Gabriel Attal.)

Allez, je vous raconte.

Le CPE, ou mes souvenirs d'ancien combattant

Fin 2005, d'importantes émeutes enflamment le 93 puis une bonne partie des banlieues françaises : un coup de colère massif, après la mort de deux ados, Zyed Benna et Bouna Traoré, morts d'avoir eu peur des flics. Ces deux jeunes s'étaient réfugiés dans un poste à haute tension pour échapper à un contrôle de police, et ils ont été brûlés vifs.

Au-delà du caractère tragique et terrible de ce drame, le problème, c'est quoi : que des gamins aient peur des flics ? Mais non. Remettez vos lunettes et apprenez à raisonner comme un vieux : le problème, c'est le chômage des jeunes.

On va donc les aider à trouver du boulot. Le Premier ministre de l'époque, Dominique de Villepin, pousse alors une idée brillante, née dans le cerveau d'un de ses conseillers probablement sorti d'une grande école. Pour lutter contre le chômage des jeunes, on décide de leur concocter un contrat de travail sur mesure, avec des droits réduits[1] : le CPE

1. Dans ce contrat de travail réservé aux moins de 26 ans, figurait notamment une « période de consolidation » de deux ans durant laquelle l'employeur pouvait rompre le contrat de travail sans en donner le motif. Pratique, non ?

(contrat première embauche) est né. La réponse des jeunes ne s'est pas fait attendre longtemps : partout en France ont eu lieu des manifs monstrueuses, et Villepin a perdu toutes ses chances pour la présidentielle de 2007.

Le CPE, c'est l'exemple même d'un truc mal foutu, qui ne répond pas à la question posée (pourquoi les jeunes ont peur des flics ? Pourquoi les jeunes des banlieues sont en colère ?) et répond à celle que l'on n'a pas posée (qu'est-ce qui ferait plaisir aux employeurs ?). Un truc soi-disant *pour* les jeunes, mais conçu sans eux et sans comprendre leurs problèmes.

Un truc contre les jeunes, au fond. Et une crise politique de grande ampleur, simplement pour avoir chaussé des lunettes de vieux. Et s'imaginer que ça allait passer crème.

Comble du cynisme, la loi contenant le CPE était dite « pour l'égalité des chances »... Résultat, elle est passée (un petit coup de 49.3) mais Chirac, le président, ne l'a jamais promulguée[1]. Un camouflet de plus pour des politiques qui auraient mieux fait de réfléchir un peu et d'écouter ce que la jeunesse avait à dire.

Ils ont fait l'inverse. Et vous allez voir que ce n'est pas mieux aujourd'hui. Le système se met à devenir orgueilleux, en prime. Il se permet de mal parler aux jeunes alors qu'il est en crise.

---

1. En parlant de lunettes de vieux, vous avez déjà vu celles de Chirac pour ses vœux de 2006 ? Même *Le Monde* l'avait allumé : « Chaussé d'une nouvelle paire de lunettes, dont il semble désormais dépendant pour lire son prompteur... » (*Le Monde*, 2 janvier). Hasard ou coïncidence, à peine deux semaines plus tard, le 16 janvier, Villepin annonçait la création du CPE. La presbytie au pouvoir !

La France des Choristes

Ce n'est pas complètement un hasard si l'obsession n° 1 de cette France d'ancien régime, c'est les jeunes. Vous vous rappelez le discours de politique générale de Gabriel Attal ?

Il a 34 ans quand il le prononce. Et pourtant, quelle violence incroyable envers les jeunes ! Pour mémoire, il en remet une couche sur l'uniforme à l'école, alors que toutes les études un peu sérieuses concluent que cela n'a aucun effet[1], et il propose tranquille d'enfermer les éléments les plus récalcitrants dans des internats. Une politique bien punitive, quoi.

Le projet est simple et fleure bon la France des encriers et des buvards : il s'agit d'enrégimenter la jeunesse. La faire défiler en rangs serrés, *han, deux, han deux* ! La fliquer, et au besoin l'enfermer. Un fantasme très macronien, le macronisme du côté de chez Brigitte, au parfum d'écoles privées, façon pensionnat de Chavagnes. Forte de son expérience de prof dans le privé, la première dame a son idée sur les problèmes de la jeunesse. Son idée, et ses solutions, généralement *éducatives*. Voire rééducatives.

Elle n'est pas toute seule. Le fantasme ultime d'une bonne partie des seniors de ce pays, c'est la France des Choristes[2], celle de chenapans qu'il faut mater à tout prix.

---

1. Vous ne croyez quand même pas qu'on est les premiers à y avoir pensé ? Il y a des expériences américaines dès 1994, et ailleurs aussi. Résultat ? Aucun impact mesurable. Voyez ici (en ligne, sans paywall), et au passage merci à mon éditrice pour avoir mis la référence aux normes typo : Gwen Dewar, « School uniforms : What does the research tell us ? », *Parenting Science*, 2022. Je ne vous mets pas l'URL, sur papier ça fait moche. Vous tapez les premiers mots sur Google, et zou, vous trouvez tout de suite.

2. En référence au film de Christophe Barratier sorti en 2004.

C'est le même monde, une bonne vieille droite bien bourgeoise, qui avec Valérie Pécresse coupe les subventions à Sciences Po quand les étudiants manifestent contre la politique d'Israël à Gaza. Une saine indignation ? Pas du tout : une dangereuse *radicalité* ! Ces jeunes, ils se croient tout permis ! On va leur apprendre. (Deux semaines plus tard, à l'appel du Gud, quelques centaines de manifestants d'extrême droite défilent en plein centre de la capitale, escortés par la police. Tout-va-bien.)

Sortis des fantasmes des vieux, les vrais problèmes des jeunes sont toujours là, et tout autres : ne pas manger à sa faim, les questions de santé mentale, le logement indigne, l'angoisse climatique... des sujets, il y en a ! Mais non. Attal n'a pas un mot sur les difficultés et les inquiétudes d'une partie croissante des jeunes. Il préfère alimenter la machine à fantasmes. Et mener des politiques pour répondre à ces fantasmes.

Changer de lunettes, ou de sonotone, pour écouter ce que les jeunes ont à dire ? Nan. Ce serait trop simple. On va plutôt *s'occuper des jeunes*. Et bim : voilà le RN.

Et ça, c'est *vraiment* flippant. Parce que dans l'obsession des politiques et des vieux de *s'occuper des jeunes*, il y a une forme d'exclusion que je trouve très violente, un genre de séparatisme tout nouveau qui fait carrément froid dans le dos. Mais d'ailleurs, *de qui* s'agit-il de s'occuper, au juste ?

Les enfants des autres

Un phénomène que je trouve intéressant et que vous aurez peut-être repéré vous aussi : on pense toujours aux *autres* quand on parle des jeunes, jamais aux siens. On ne pense jamais à ses propres enfants ou petits-enfants, à ses neveux ou nièces.

Ce sont les enfants des autres qui sont délinquants, ce sont les enfants des autres qui sont intoxiqués par les jeux vidéo, ce sont les enfants des autres qui sont des moutons débiles. Bref : ce sont les enfants des autres qu'on va coller à l'internat en uniforme. Pour ne plus les voir.

De fait, dans l'obsession récente pour le retour à l'uniforme, on peut voir deux postures bien distinctes. La première, un peu bourgeoise, un peu rance, celle que j'appelle la France de Brigitte Macron : c'est la France d'en haut, dans sa version conservatrice surtout (mais pas seulement), qui porte un regard un poil méprisant sur tout ce qui ne lui ressemble pas – et sur tout ce qui dépasse, de la fille voilée au trans en passant par les cinquante nuances de prolo. C'est le point de vue des beaux quartiers d'Amiens, des écoles privées.

Le fameux mépris social. Mais face aux jeunes, il est comme décuplé : les jeunes sont cette minorité qu'il faut *ad vitam* éduquer voire rééduquer. Les jeunes sont l'objet où peut s'exprimer avec décomplexion le désir infini de retour en arrière de cette France-là. On regarde les jeunes d'assez loin (d'aussi loin que possible, en fait), on s'effare, on s'inquiète, on se demande ce qu'on peut faire. Et là, tilt ! Tiens, et si on les envoyait à l'internat ? Et si on leur collait un uniforme comme dans les années 1950 ? Et si on les envoyait faire des pompes pendant un mois ? On imagine des politiques de la jeunesse bien punitives, avec l'espoir qu'en gommant tout ce qui dépasse, le monde retrouvera une dimension rassurante, il nous échappera moins. L'uniforme, c'est à la fois une tentative d'invisibiliser les jeunes et de les faire rentrer dans le rang. Avec le rêve de les transformer en bons petits soldats qui marchent bien droit vers leur destin de consommateurs appliqués.

Et puis à côté de cette posture de paternalisme punitif, il y a une deuxième attitude qui nourrit la défiance envers les jeunes, et qui ne vient pas exactement du même coin de la société. Quatre politologues et économistes ont repéré ça dans un livre qui s'appelle *Les Origines du populisme*[1], et ça m'a beaucoup éclairé personnellement. Les auteurs s'intéressent aux électeurs de Jean-Luc Mélenchon et à ceux de Marine Le Pen. Ces citoyens ont en commun une forme assez aiguë de méfiance mais ils diffèrent sur un point essentiel : ceux qui votent LFI se méfient des institutions, mais ils ont confiance dans les autres, alors que ceux qui votent RN se méfient des institutions, et ils n'ont *pas* confiance dans les autres. Les autres au sens large : voisins, gens random dans la rue, étrangers, mais aussi amis, proches, famille, etc. Les électeurs du RN ont l'impression que tout le monde cherche à les niquer, en bref.

Cette défiance extrême, il me semble que c'est un marqueur de délitement social au moins aussi intéressant que toutes les études économiques et sociologiques sur le niveau d'éducation ou l'insertion dans l'emploi. On en est là, pour un paquet de concitoyens : l'enfer, c'est les autres. Cette paranoïa qu'on se fabrique, qu'on nourrit à grand renfort de complotisme, elle grignote petit à petit toutes les frontières de la démocratie. Et justement, qui est l'autre par excellence, et donc celui qui les fait flipper le plus ? L'étranger d'un côté : les Arabes et les Noirs, en particulier. Et le jeune de l'autre. La palme est donc

1. Yann Algan, Elizabeth Beasley, Daniel Cohen et Martial Foucault, *Les Origines du populisme. Enquête sur un schisme politique et social*, Paris, Seuil, 2019. C'est en écoutant un podcast de Thomas Legrand que j'ai découvert ce livre. On pourrait juste discuter le terme de populisme, mais passons.

attribuée sans surprise aux jeunes arabes et noirs – les migrants obtenant le prix spécial de ce bien triste jury.

« Vous la trouvez comment la jeunesse d'aujourd'hui ? » En posant cette question, on va en savoir beaucoup plus sur les personnes qui répondent que sur l'objet réel de la question, à savoir les jeunes. Parce que la jeunesse est par excellence l'objet du fantasme de tous ceux qui ne lui appartiennent plus. Et dans un contexte de crise généralisée, dans laquelle les Français galèrent pour boucler leur fin de mois, la jeunesse fournit un super bouc émissaire. Et comme les macronistes ont adopté ces derniers temps pas mal de réflexes issus de l'imaginaire RN, eh ben, paf[1] : la politique de la jeunesse s'adresse depuis quelques années à ceux qui fantasment les jeunes tels que le RN le fait, à savoir des indésirables qui font bien flipper même si on ne les a jamais vus.

La disqualification des jeunes

Mais attention, les électeurs RN ne sont pas seuls à avoir peur. Ceux qui s'affolent du « wokisme » en lisant *Le Point* n'ont pas le même profil sociologique, mais ils ont eux aussi une vision très négative de la jeunesse. Ils ne voient pas l'exigence morale, le souci des autres, l'indignation. Ils voient plutôt une *dangereuse radicalité*.

Attal toujours, à propos de Sciences Po, affirme : « Le poisson pourrit par la tête. » En clair : la jeunesse entière pourrit puisque l'élite de cette jeunesse a commencé à pourrir. C'est frais, c'est élégant. En sachant que la confiance qu'une société accorde à sa jeunesse

---

1. Bruit de la fenêtre d'Overton explosant sous le coup de l'afflux de réflexes issus du RN…

est un très, très bon marqueur de la confiance que cette société a dans son avenir, il y a moyen d'être un peu pessimiste.

Les bien-pensants, les intégrés, ont donc au moins ça en commun avec les électeurs de Marine Le Pen : ils se méfient des jeunes. Sauf que, bien sûr, ils ne l'expriment pas de la même façon.

Il y a la version gentillette : les jeunes sont victimes du consumérisme, victimes des réseaux sociaux, etc. Traduisez : « Pauvres jeunes. Ils sont tellement cons qu'on ne peut *vraiment* pas leur faire confiance. » Et la version un peu plus paranoïaque : « Mais qu'est-ce que c'est que ces jeunes qui rêvent tous de rouler en grosse bagnole ou d'être influenceurs à Dubaï ? Ils ne sont pas écolos, regarde comment ils sont individualistes, regarde comment ils sont méchants ! » Résultat des courses : dans tous les cas, les jeunes sont hors-jeu. Disqualifiés.

Et une fois que tu as disqualifié toute une catégorie de la population, tu te rends compte de la place que tu lui laisses en démocratie ? Parce que la démocratie, à la base, c'est le fait de reconnaître la qualification des autres. Une personne égale une voix. En revendiquant ma voix, j'accepte celle de mon voisin. Mais si tu commences à remettre en question la pertinence de la voix de ton voisin, tu prends le risque qu'un autre remette en question ta légitimité de citoyen. Le boulot d'une démocratie, c'est donc de prendre garde à ce que toutes les voix se valent, à ce qu'aucune ne soit disqualifiée.

Sauf que la société française est une grande adepte de la disqualification. C'est une des maladies de notre culture. Par exemple, notre obsession du diplôme, notre système scolaire qui fonctionne par éviction successive… Bourdieu a écrit de grands livres sur ce sujet, et plus récemment, un autre sociologue, Serge

Paugam, a travaillé sur ce concept[1]. Un jeune énarque, David Guilbaud, a également bien montré dans un essai récent que la méritocratie n'était que la bonne conscience des gagnants du système[2].

Mais mon point, ici, c'est que la jeunesse, avec sa casquette sur la tête et son addiction supposée aux jeux vidéo, c'est le point focal de toutes les disqualifications : la grande gagnante de la non-voix au chapitre !

Disqualifier la jeunesse, c'est refuser de faire démocratie avec les jeunes. Attention, il ne s'agit pas nécessairement de leur cracher dessus, cela peut être fait avec bienveillance ! « *Ça leur passera...* » Et zou, on disqualifie la parole des jeunes, leurs problèmes, leurs revendications, et jusqu'à leur vision de la société, leur ressenti. Mais récemment, on a dépassé le stade hypocrite de la bienveillance, la disqualification est devenue nettement plus frontale : la jeunesse est *hors de contrôle*, elle est devenue une *menace* pour la société, au point qu'elle doit carrément être mise à l'écart. Et pour agiter ces fantasmes, on n'a pas attendu le RN.

Une quasi-éviction de l'espace public

Vous vous rappelez les « internats éducatifs » de Gabriel Attal ? Posons bien le problème : c'est quoi, un internat ? Un truc pour confiner les ados, pour les

1. Pierre Bourdieu, *La Distinction. Critique sociale du jugement*, Paris, Minuit, 1979 ; *id.*, *La Noblesse d'État. Grandes écoles et esprit de corps*, Minuit, 1989 ; Serge Paugam, *La Disqualification sociale. Essai sur la nouvelle pauvreté*, Paris, PUF, 2009 [1991].

2. David Guilbaud, *L'Illusion méritocratique*, Paris, Odile Jacob, 2018.

retirer de l'espace public. Soi-disant pour leur bien, pour les préserver des mauvaises influences, toussa. Mais le fond du fond, c'est de les évacuer, comme des nuisibles.

Si ce n'était qu'une lubie de Brigitte Macron, une proposition débile qui fera long feu, ce ne serait même pas la peine d'en parler, même si elle résume bien une politique obsédée par l'idée d'« autorité » (on rappelle que Gabriel Attal a fait l'exploit d'articuler 32 (TRENTE-DEUX) fois le terme dans son discours du 18 février 2024 à Viry-Châtillon). Mais ce projet d'enfermer des jeunes, il reboucle avec plein d'autres choses. Le couvre-feu de Darmanin par exemple. Et ça va bien au-delà, car ce n'est pas qu'un truc porté par les politiques.

Le Covid a représenté un sacré cap de ce point de vue, il me semble : les jeunes ont été priés d'oublier qu'ils l'étaient afin de préserver les plus âgés. Eh oui, le contrat tacite et obligatoire proposé par le gouvernement, c'était bien de sacrifier une génération dont les relations sociales et l'autonomie économique étaient en pleine construction au profit d'une génération passée au sens propre – les plus de 80 ans – dont la vie était en grande partie derrière. Attention, il ne s'agit pas pour moi de dire que la génération des plus âgés aurait dû être sacrifiée, non pas du tout : les vieux méritent de vivre, de profiter de leurs dernières années, il n'y a pas de débat là-dessus. En revanche, que cela coûte plus aux jeunes d'être enfermés me paraît tout aussi évident, et j'interroge donc la nécessité qui a été posée comme non révocable de les enfermer : est-ce qu'on n'aurait pas pu décréter le confinement des plus âgés et des plus fragiles afin de préserver les années fondatrices à plein de niveaux des plus jeunes ?

En tout cas, le choix a été tout autre, et le résultat c'est qu'on se retrouve aujourd'hui avec un jeune sur cinq qui souffre de troubles dépressifs, du jamais vu dans l'histoire des statistiques en santé mentale[1]. Une étude de la Drees et de Santé publique France publiée en mai 2024 révèle une progression « façon brutale et inédite[2] » des tentatives de suicides et des automutilations chez les adolescentes et les jeunes femmes entre 2021 et 2022, sur fond de progression très nette depuis 2007. Les jeunes, et tout spécialement les jeunes filles, ont payé cher les confinements.

Cherry on the cake, malgré ce sacrifice consenti sans protestation par l'immense majorité des jeunes, ces derniers ont été désignés comme des fauteurs de trouble, des égoïstes patentés pendant le Covid : pour une fête par-ci, une rave par-là, les journaux ont titré sur leur indicible individualisme qui mettait en grand danger leurs aînés. On a commencé à ériger sérieusement les jeunes en boucs émissaires de tout. Dans une société en crise, il faut des boucs émissaires, c'est bien connu (*big up* René Girard). C'est peut-être de là qu'est venue cette satanée manie de voir dans le comportement des jeunes et leurs attitudes la raison de tous les maux. Et, dans leur exclusion, un projet de société tout à fait intéressant…

---

1. Santé publique France, *Bulletin épidémiologique hebdomadaire*, 14 février 2023. 13,3 % des personnes âgées de 18 à 75 ans ont connu un épisode dépressif au cours de l'année 2021, une hausse de 36 % par rapport à 2017. La hausse se concentre chez les 18-24 ans (20,8 % en 2021, contre 11,7 % en 2017 !) et en particulier chez les jeunes femmes : 26,5 %, plus d'une sur quatre !

2. Jean-Baptiste Hazo, Philippe Pirard, Fabrice Jollant, Albert Vuagnat, « Hospitalisations pour gestes auto-infligés : une progression inédite chez les adolescentes et les jeunes femmes en 2021 et 2022 », Drees, *Études et résultats*, 1300, 16 mai 2024.

Vous savez qu'il y a aujourd'hui des hôtels qui n'acceptent plus les enfants ? Des restaus, aussi ? Vous avez remarqué qu'on ne voit plus de gamins tout seuls dans les rues ? Et ce principe d'exclusion des jeunes de l'espace public est en train de se radicaliser. Pendant longtemps, c'était juste implicite. Maintenant c'est explicite. Petit à petit, la ville n'a plus voulu d'eux. Elle est faite pour des adultes de préférence consommateurs et friqués. Mais les ados qui se baladent et qui n'ont pas assez de blé pour prendre un coca dans un café, ils se mettent où en fait ? Eh bien, de plus en plus, ils sont contraints de rester chez eux (où on leur reproche de squatter leur écran H24 bien sûr, histoire de ne pas leur laisser de répit).

Si je résume, les jeunes n'ont plus le droit d'être dehors, ils sont sommés d'être à l'intérieur d'un établissement scolaire jusqu'à 18 heures, puis en famille. Le reste du temps, ils n'ont plus d'espace pour vivre leur jeunesse entre jeunes à l'extérieur. Gabriel Attal, avec son discours de Viry-Châtillon, a fait un pas décomplexé de plus dans cette volonté d'assigner les jeunes à résidence : il a en quelque sorte officialisé la volonté d'enfermer et punir. Dans ce projet, les jeunes doivent être systématiquement et en permanence sous la coupe des adultes. Ils n'ont plus un espace de liberté pour faire autre chose et notamment pour vivre des moments entre jeunes. Construire leur autonomie ? Là n'est plus le sujet, et de toute façon on ne leur fait pas confiance pour se construire. Le sujet, c'est de mettre sous tutelle la jeunesse.

Une minorité universelle

Comme fil rouge de toutes ces disqualifications, de cette discrimination généralisée, il y a l'idée de minorité. Qui se redouble, dans le cas des jeunes. Il y a la minorité légale (comme dans *mineurs délinquants*, vous me suivez ?) – des citoyens pas complets, des sous-citoyens. Et il y a la minorité au sens de catégorie sociale – un groupe un peu embarrassant, plein de problèmes, dont on va s'occuper, comme les LGBTQIA+, les femmes ou les racisés.

Le problème, c'est que les jeunes ne se laissent pas vraiment ranger dans cette petite boîte. Ils ne sont pas une minorité en ce deuxième sens. La jeunesse est une minorité universelle et c'est sa spécificité. Par opposition aux personnes de couleur, aux femmes, aux homosexuels, à tous les LGBTQIA+. Les jeunes, ça ne peut pas rentrer dans ce type de catégorie-là et donc ça ne peut pas faire l'objet de mesures spécifiques de la même manière. Comme disait Pierre Bourdieu : « La jeunesse n'est qu'un mot ». Il n'y a socialement pas une jeunesse, mais bien des jeunesses, plurielles, diverses.

C'est un problème qui, pour moi, dépasse la question de la jeunesse et rejoint celle de la démocratie. Quelle est la qualification requise pour participer en démocratie ? La réponse est qu'il n'y en a aucune.

La particularité de la démocratie par opposition à l'oligarchie, à l'autocratie, aujourd'hui à la technocratie, c'est qu'en démocratie, tu n'as pas à avoir de ticket d'entrée pour participer. Le simple fait que tu sois membre de la société fait de toi un acteur de ce modèle politique qui s'appelle la démocratie.

Sauf que… *oh wait…* il y a quand même une qualification requise, ou plutôt une disqualification : celle de l'âge. La minorité est une exclusion du jeu démocratique. Et elle est d'autant plus frappante aujourd'hui que, depuis 1945, un mouvement de fond a été l'accès des enfants et des adolescents à tout un ensemble de droits, qui font d'eux des personnes à part entière au sens juridique.

Les droits de l'homme sont associés à la condition humaine – d'ailleurs on parle de droits humains aujourd'hui. Toute personne, dès lors qu'elle partage la condition humaine, est dépositaire de droits. Et il n'y a aucun autre préalable. Par le simple fait que tu sois un être humain à la surface de cette planète, s'applique sur toi l'interdiction de la torture, la prohibition des génocides, le droit à une nationalité, toute la première génération des droits humains internationaux post-Seconde Guerre mondiale.

Ça, c'est quelque chose auquel je suis très attaché. C'est probablement une des raisons pour lesquelles je défends les jeunes avec autant d'ardeur. Les jeunes ne devraient pas avoir à montrer patte blanche pour faire partie du débat public. Ils sont là et c'est tout. La démocratie, c'est *nous*, et les jeunes font partie de ce nous. Ils sont nous, ils sont comme nous. Ils ressentent le monde comme nous. Ils n'en sont pas des sous-éléments, des sous-citoyens, ils n'en sont pas moins importants. Et ce simple fait devrait justifier le fait qu'on les écoute, qu'on les accueille, qu'on leur fasse une place. Or on ne le fait pas. On fait même tout le contraire.

3

La société du bizutage

Il y a quelque chose de brutal dans cette disqualification systématique des jeunes. Mais elle ne se joue pas qu'en politique. C'est notre société tout entière qui traite mal sa jeunesse. Il faut le dire haut et fort. Ce qu'on subit, entre 15 et 25 ans, parfois jusqu'à 30 ans, c'est un bizutage méthodique, systématique, avec une pointe de sadisme, comme tous les bizutages.

Mes souvenirs d'ancien combattant, épisode 2 : mon exposé sur le bizutage

Quand j'étais en fac de droit, j'ai dû faire un exposé avec un copain sur un thème qui me plaisait bien : « L'impossible prohibition du bizutage. Pourquoi est-ce que ça n'a jamais marché ? »

Je vous explique : chaque décennie ou presque a vu une loi votée ou des circulaires paraître pour interdire ou du moins fermement réglementer les bizutages. Parfois la presse s'en mêle parce qu'un étudiant y passe. Mais malgré les bonnes intentions et la bonne volonté manifeste et durable du monde politique, on n'a jamais réussi à interdire quoi que ce soit dans les faits. Dans notre exposé, on essayait de comprendre pourquoi.

(J'avais assez envie de vous refaire cet exposé dont j'ai encore les slides, mais mon éditrice m'a dit non, donc je passe directement à la conclusion.)

La conclusion de nos recherches sociologiques et juridiques était qu'en réalité, on ne peut pas prohiber un comportement encouragé par une majeure partie de la société. On peut toujours se raconter, bien sûr, que la volonté peut changer le monde, que les lois sont faites pour être appliquées. Les responsables politiques qui se sont attaqués au problème étaient sans doute sincères et convaincus. Mais le bizutage n'est pas une petite bizarrerie anachronique dont on peut se débarrasser facilement : c'est un phénomène dont les ressorts sont profondément ancrés dans notre imaginaire collectif.

Le bizutage, c'est le rituel qui met à l'épreuve, aussi bien symboliquement que physiquement, une personne qui souhaite appartenir à un groupe, y entrer. L'enjeu est donc de faire comprendre à l'extérieur que le ticket d'entrée à l'intérieur n'est pas gratuit. Qu'il a un coût. Bizuter quelqu'un, c'est défendre l'honneur et la grandeur de la communauté.

Le ressort profond du bizutage, c'est donc une certaine forme de narcissisme. Le bizutage est un egotrip de groupe, quelque part. Les membres du groupe veulent se montrer à eux-mêmes qu'ils ne sont pas n'importe qui. Qu'ils ont de la valeur, et attention, une grande valeur, une valeur unique. Pour prétendre entrer dans le groupe, pour posséder soi aussi cette valeur, eh bien à un moment il faut en baver. Le message est simple : tu veux le même diplôme que nous ? D'accord. Mais notre diplôme, il vaut cher, et le prix, c'est celui du bizutage. Alors tu vas payer !

Quand on a saisi cette logique, on comprend qu'il est complètement illusoire de réprimer le bizutage, et que ni la volonté politique ni l'habileté juridique n'y peuvent quoi que ce soit. Parce qu'au fond, tant qu'une majorité de gens sera d'accord avec l'idée que les jeunes doivent en baver dans la vie avant de pouvoir se poser, avant d'avoir un bon diplôme qui les amènera vers un bon boulot. C'est profondément ancré dans nos représentations.

Ça n'a rien de spécialement français. On voit ça dans les *frats* aux États-Unis. En France, c'est surtout dans les grandes écoles et en médecine. Mais il me semble que l'on peut parler de bizutage pour la jeunesse, à grande échelle.

Un rite de passage dénaturé

Il y a dans notre société une rencontre assez malsaine entre deux phénomènes. Le premier, c'est la persistance de la vieille tradition selon laquelle il est bon que la jeunesse en bave un peu – une idée très communément admise. Mais il n'y aurait pas de quoi fouetter un chien si, sur cette vieillerie, ne se greffait pas un deuxième phénomène, qui se nourrit quant à lui de toutes les forces économiques, sociales et politiques de la société contemporaine, et que je résumerais ainsi : les jeunes sont les *outsiders* du système, et ils en chient quand même très longtemps. Pour avoir un vrai job, un vrai appart, décrocher un emprunt, pour partir en vacances, si on n'est pas un héritier ou un des (extrêmement) rares winners de la « méritocratie », on peut vraiment galérer pendant des années. Souvent les empêchements s'ajoutent les uns aux autres : sans CDI pas d'appart, sans appart pas de mise en couple, pas moyen d'inviter des potes, de se poser. Pas d'épargne, pas d'emprunt, pas d'accès à la propriété. On tourne en rond, parfois très, très longtemps.

Dans toutes les sociétés, les rites de passage peuvent être difficiles. Mais ils ne durent qu'un moment, souvent très bref, très ritualisé ; et leur fonction première est d'inclure. Quand nos grands-parents faisaient leur service militaire (merci Chirac de l'avoir supprimé !), les anciens en faisaient baver aux bleus, mais ça ne durait que quelques semaines.

Ce que vivent les jeunes en France, actuellement, c'est un rite de passage interminable, qui s'étend sur dix, parfois quinze ans. Un rite dont on se demande s'il a encore pour fonction d'inclure, parce que sa principale conséquence est manifestement d'exclure. Un rite, enfin, qui ne passe pas par une épreuve solitaire qui serait un exploit – partir dans la savane pour tuer un lion, lire une langue morte devant une assemblée –, mais par une expérience collective massive, qui a quelque chose de paradoxal parce qu'elle fabrique de la solitude.

Et non seulement ça dure longtemps, mais en plus, à l'arrivée, on n'est pas tous membres du même club. On n'accède pas tous au même statut. Le rite, chez nous, n'a pas une fonction unificatrice et intégratrice. C'est un séparateur de destins. D'où la charge d'angoisse qu'il charrie avec lui.

L'humiliation pour tous

Le paradoxe du bizutage : c'est un séparateur social et, même si on sait que les dés sont pipés, toutes les jeunesses y passent.

La prépa est un système de bizutage institutionnalisé et valorisé socialement : tu vas en chier, mais alors, tu vas en chier ! Et c'est même *parce que* tu vas en chier que ta prépa a de la valeur.

Mais on pourrait tout aussi bien parler des lycées pros, de la précarité des étudiants. Un autre bizutage, qui ne dit pas son nom mais où on prend cher, et sans grandes écoles à la sortie ! Ta chambre de bonne est insalubre, il y a des punaises de lit, elle est mal chauffée, mal isolée ? Pas grave : c'est un logement étudiant. Un étudiant, ce n'est pas fait pour vivre à grands frais, et tu peux toujours aller bosser en bibliothèque s'il fait trop froid ou trop chaud dans tes 10 mètres carrés. Tu fais la queue à l'aide alimentaire, tu galères quelques années, tu te trouves un petit job étudiant mal payé ? Dis, ça n'a jamais tué personne de sauter un repas.

Le pire, c'est qu'au fond ça ne choque personne. Alors que ça porte un message parfaitement explicite : on ne veut pas que les jeunes se mettent à vivre dans un monde de velours. On préfère qu'ils triment copieusement avant de s'installer, quand bien même ils n'ont aucune perspective pour s'installer correctement, dignement, justement.

Si l'on regarde la dureté des études pour ceux qui sont dans les filières les plus exigeantes, les conditions de travail pour ceux qui en ont trouvé un, les conditions de logement pour tous ceux dont les parents ne sont pas Crésus, on est bien obligé d'admettre qu'il y a là, au mieux, une profonde indifférence de la société et, au pire, une entreprise d'humiliation collective.

Elle n'est peut-être pas complètement consciente, cette volonté d'humilier. Mais ses effets sont là. Il y a des choses qu'on fait subir aux jeunes, des situations qu'on trouverait inacceptables pour toute autre catégorie de la population. À l'exception du grand âge, peut-être, mais c'est une autre histoire.

Ce qui me frappe, ce n'est pas tant la violence de certaines situations que la façon dont, collectivement, on les accepte, on les perpétue, on les organise. Il y a quelque chose de systémique.

Si l'on veut se diriger vers une société qui prend mieux en compte ses jeunes, il faudra commencer par s'interroger sur ce qu'on accepte ou pas. Et regarder la réalité en face : de nombreux jeunes vivent une situation inacceptable. Ce n'est pas acceptable qu'un jeune pleure sous la douche parce qu'il est en prépa. Ce n'est pas acceptable qu'un jeune saute un repas juste parce qu'il fait des études. Ce n'est pas acceptable qu'en 2024, 20 % des jeunes en France souffrent de troubles dépressifs et 7 % aient des pensées suicidaires. Ce n'est pas acceptable qu'une société tout entière traite aussi mal sa jeunesse.

C'est de la maltraitance, comme les vieux dans les Ehpad. Il faut le dire, et en tirer les conséquences.

Le battle insiders/outsiders

Pourquoi cette société du bizutage organisé ? Pourquoi faire ainsi payer le prix fort à la jeunesse ? Il y a deux hypothèses.

La première, c'est celle du club, dont j'ai parlé plus haut : les *insiders* contre les *outsiders*, le ticket d'entrée qu'on paie au prix fort, pour rassurer les membres du club sur leur propre valeur. Ça décrit bien le fonctionnement du marché du travail. Attention les enfants, je vais citer Patrick Artus : « Il faut arrêter de dire que le marché du travail est rigide en France. » Oui, c'est Patrick Artus qui le dit[1]. Je vous résume l'idée. Contrairement à une idée reçue, le marché du travail français ne manque pas de flexibilité. Mais celle-ci se concentre presque exclusivement aux marges du marché. 88 % des salariés sont en CDI. Devinez qui sont les 12 % restants ? Dans le mille : ce sont principalement des jeunes. Ils n'ont pas les mêmes protections. Pas vraiment les mêmes droits. En fait, comme ils sont en CDD, en intérim ou en stage, ils ont surtout le droit de se taire. Ils ont du taf par intermittence.

1. Natixis, *Flash Economie* n° 481, 13 avril 2017.

On les prend pour un mois, et puis on les lâche. Hop, retour à France Travail. Le taux de chômage des jeunes le montre très bien : en 2023 on était encore à 17,5 % pour les 15-24 ans, contre 7,5 % pour l'ensemble de la population active[1]. Dix points d'écart ! Et ce taux cache le suivant, tout aussi préoccupant : les moins de 25 ans étaient 52,7 % à occuper des emplois précaires en 2019[2] (avant le Covid, autant vous dire que la situation ne s'est pas foncièrement améliorée depuis…). Sans compter les stagiaires qui taffent pour des prunes.

C'est le modèle français : des *insiders* et des *outsiders*[3]. T'es jeune ? Bah t'es outsider. T'as qu'à attendre ton tour. Et tu l'attends de plus en plus longtemps, puisque tu n'as pas les moyens d'atteindre l'autonomie[4].

Le message subliminal est limpide : tu ne vaux pas grand-chose. (Et comme nous si, tu nous dois le respect en prime, incline-toi.)

Dans une société crispée comme la nôtre, où les gens ont peur de perdre leur taf, de perdre leur statut, le côté *insider* se durcit. On fait tout ce qu'il faut pour garder sa place près du feu de camp, et on laisse les autres se geler un sacré paquet de temps.

Si le modèle des rites de passage existe dans toutes les sociétés ou presque, le passage à l'âge adulte prend rarement quinze ans ! Parfois, c'est l'affaire d'une

1. Voir Insee, « Au quatrième trimestre 2023, le taux de chômage est stable à 7,5 % », *Informations rapides*, 13 février 2024.

2. Voir Anne Rodier, « “Que sait-on du travail ?” : la précarisation du marché du travail est portée par les moins de 25 ans », *Le Monde*, 10 juillet 2023.

3. Pour une bonne description du fossé grandissant entre les jeunes et le reste, Camille Peugny, *Pour une politique de la jeunesse*, Paris, Seuil, 2022.

4. Voir le livre de Salomé Saqué, *Sois jeune et tais-toi* (Paris, Payot, 2023) qui donne une analyse complète du problème.

journée. Chez nous, c'est très, très long. Peut-être parce que dans nos sociétés hyper éduquées, entre l'enfance et l'âge adulte on a vu apparaître dans la deuxième moitié du XXe siècle cette catégorie nouvelle, ce temps nouveau qu'est la jeunesse. Il y a encore trois générations, à vingt ans max, on bossait et on se mariait dans la foulée. On s'habillait comme des mômes, puis comme des vieux. Aujourd'hui c'est beaucoup plus diffus que ça.

Par opposition aux siècles précédents où le passage de l'enfance à l'âge adulte était précoce et rapide, la scolarisation massive et l'allongement de la durée des études ont fait émerger une nouvelle catégorie : les jeunes. Aujourd'hui, même ceux qui font des études courtes les terminent à 18 ans. Et avec les études longues, on retarde aussi le moment de s'engager dans une relation durable, de faire des enfants. On est donc jeune très longtemps !

Je ne suis pas certain qu'on puisse donner une définition unique de la jeunesse. Mais si on la considère comme un temps de vie, je crois que cela commence avec la puberté et se termine avec la stabilisation dans la vie sociale. La puberté, c'est l'entrée au collège : on sort du CM2, on entre en sixième… Et la stabilisation arrive très tard : le premier CDI se fait attendre looongtemps, et la vie de famille également. Pour ceux qui se marient, la moyenne d'âge du premier mariage, en France, c'est 30 ans pour les hommes, 29 ans pour les femmes. En Île-de-France et dans les grandes métropoles, c'est 35 ans pour les hommes et 34 ans pour les femmes. Nous voilà donc avec des jeunes de 12 ans à 35 ans ! Ça a un côté sympa, teuf, potes, etc. Mais c'est aussi un mode de vie que l'on subit. On a alors le pire des deux mondes : notre monde contemporain où la jeunesse dure très longtemps, et le monde traditionnel où être jeune ça veut dire subir et en chier. Le passage vers l'autonomie devient un vrai tunnel souvent bien obscur !

Le backlash *inattendu*

Mais cette histoire d'*outsiders* et d'*insiders* ne dit pas tout. Il y a une deuxième hypothèse, plus dérangeante. Et si les adultes se vengeaient ?

D'être ringardisés, d'abord. Cette « jeunesse longue » qui s'est développée dans les sociétés contemporaines, c'est une jeunesse qui fait référence, qui donne le ton au reste de la société. Ici, on a quelque chose de radicalement nouveau, qui est apparu dans les années 1950-1960 et qu'au fond on n'a pas encore digéré.

Avant ça, les modes et les pratiques culturelles qui faisaient référence étaient celles des adultes. À partir des années 1950-60, la jeunesse commence à développer ses propres codes et ils se diffusent à grande échelle : le jean, le rock, de nouvelles façons de vivre, d'aimer... Les adultes de l'époque ont vu arriver ça avec un sentiment d'horreur et d'incrédulité. C'est à ce moment-là que des sociologues anglais ont forgé le concept de « panique morale », en observant comment les adultes et la presse s'étaient monté le bourrichon à propos de bagarres de jeunes sur la plage. C'était en 64, et les jeunes qui se bagarraient étaient des *mods* et des *rockers*[1]. Panique chez les mémés ! Indignation chez les adultes ! Les jeunes étaient violents !

Mai 1968, c'est aussi ça : une prise de pouvoir culturelle de la jeunesse. Refaire le monde ? Sans cravate ?! Sauf que le mouvement rate sa révolution politique mais, au fond, réussit son coup en imposant ses thèmes

---

1. LE livre qui a raconté cette histoire des vieux qui commencent à avoir peur des jeunes n'a jamais été traduit, on se demande pourquoi. Voici les références de l'édition originale : Stanley Cohen, *Folk Devils and Moral Panics : The creation of Mods and Rockers*, Londres, MacGibbon and Kee, 1972. Il a été réédité plusieurs fois et on le trouve facilement, mais en anglais donc.

et son style. La jeunesse donne le *la*, à la télé, à la radio. Elle devient, et ses goûts avec elle, le cœur de marché de la culture. Et le consumérisme balbutiant aime ça !

La société de l'époque a du mal à l'encaisser. D'abord elle se rebiffe : c'est la grande manif gaulliste sur les Champs-Élysées, pour l'ordre et contre la chienlit, le 30 mai 1968. Puis, dans les années 1970, c'est plus trouble. Les valeurs et les pratiques des jeunes s'imposent peu à peu, mais on *s'inquiète* pour eux. Les drogues, la liberté sexuelle… tous ces plaisirs coupables, ça va se payer, non ? Ça *doit* se payer.

Les années 1980 ? Chômage et sida. Les jeunes prennent cher. Des politiques de la jeunesse se succèdent. La plupart à côté de la plaque – je vous ai raconté le CPE mais vingt ans avant il y a eu les TUC[1].

Dans cette sollicitude, cette façon de se pencher sur une jeunesse victime de la crise, je me demande s'il n'y a pas une façon de la faire rentrer dans le rang. *De la remettre à sa place*. D'abord des vieux qui assument d'être vieux et n'admettent pas que ce soient les jeunes qui dictent les règles de l'époque. Puis d'anciens jeunes, nos amis les boomers, qui ont du mal à se dessaisir du pouvoir symbolique dont ils ont bénéficié en donnant le ton. Et qui s'accrochent aux places en faisant du jeunisme.

Bref : à un certain moment, peut-être parce qu'elle était très puissante démographiquement avec la génération du baby-boom, la jeunesse s'est mise à donner le *la*. Elle a pris une place nouvelle. Cette usurpation,

1. Non, les TUC ne sont pas que des biscuits apéro. Ce sont des Travaux d'utilité collective, une forme d'emploi aidé créée en 1984 sous le gouvernement Fabius et qui n'a duré que quelques années. Des emplois d'animateurs surtout, bien utiles pour aider les associations, mais trop souvent des culs de sac en matière de carrière : peu de formation, peu de débouchés – et il a fallu attendre 2023 pour qu'on reconnaisse que les TUC ouvraient des droits à la retraite !

on la lui a fait payer. Encore aujourd'hui, avec toutes les nuances de gris des caves qui se rebiffent : panique morale, inquiétude, politiques de la jeunesse. Autant de manières de mettre à l'écart, de tenir en lisière ces jeunes qui n'écoutent pas ce qu'on leur dit.

La société du bizutage, c'est peut-être un *backlash*. On fait payer aux jeunes, au prix fort, l'autorité symbolique qu'ils usurpent. D'accord, ils donnent le ton – mais il ne faut pas qu'ils se croient trop forts ! Le pire de cette histoire, c'est que ce *backlash* est aujourd'hui le fait de *boomers*, qui en devenant vieux ont conservé leurs avantages, monopolisé les pouvoirs, et flinguent donc économiquement, culturellement et écologiquement les *vrais* jeunes[1].

Un contraste cruel

Plus insidieux encore, un autre *backlash* existe, sur le plan individuel, pour les jeunes d'aujourd'hui : cette manie d'en faire baver aux jeunes demeure, alors que la société est par ailleurs beaucoup plus attentive aux enfants. C'est-à-dire que les jeunes passent d'un statut globalement choyé par la société – je n'oublie bien sûr pas les violences infantiles et la violence qui règne encore dans de nombreuses cellules familiales, dénoncée à très juste titre ailleurs, je parle plus généralement ici – à un statut de paria qui a vocation à en chier.

Depuis le milieu du XXe siècle, avec l'influence de psychologues attentifs comme Françoise Dolto, une

1. À ce propos, le livre de François de Closets, *La Parenthèse boomers* (Paris, J'ai lu, 2024, première édition : Fayard, 2022) met en lumière comment les boomers ont littéralement colonisé toutes les strates de la société rendant plus aisée leur montée en puissance puis verrouillant le système à partir des années 1980.

nouvelle culture éducative s’est diffusée, à l’école primaire ou, de façon plus contrastée, dans les familles. On s’est mis à mieux respecter la spécificité de l’enfant, ses émotions, sa parole. En droit, la Convention internationale des droits de l’enfant, signée le 20 novembre 1989, marque un tournant majeur dans l’attention que l’on porte au bien-être et à la sécurité des enfants, en France et dans le monde – on est encore loin du compte en acte, je vous l’accorde, mais disons que cette signature a été un moment très important, symboliquement et juridiquement. Ajoutons à cela la société de consommation et la place que les enfants y prennent (les jouets à Noël, puis les jouets tout court, les services, etc.). Bref, l’enfant devient un acteur clé de la société à tous les niveaux. Récemment encore, les modes de l’éducation bienveillante, positive, ont encore renforcé la position sociale et familiale de l’enfant.

Dans les années 1970, on parle même d’*enfant roi*. Mais chacun sait qu’en France, le roi ne garde jamais sa couronne bien longtemps. L’enfant n’échappe pas à la règle : c’est ainsi qu’en grandissant, il passe de petit prince choyé à roi déchu. Serait-il possible que nous fassions payer aux jeunes la considération nouvelle qu’on leur a accordée quand ils étaient petits ? En tout cas, le contraste entre cette enfance valorisée et cette jeunesse rude et bizutée est flagrant.

Ce gap cruel entre l’éducation *bienveillante* qu’on se flatte d’offrir aux enfants et le long bizutage qu’on fait subir aux jeunes est un des marqueurs de notre époque. Pas étonnant que les jeunes soient déboussolés. Et qu’ils regardent avec une certaine inquiétude un monde des adultes dans lequel, à l’évidence, ils ne sont pas les bienvenus.

La prétendue dépolitisation des jeunes

À ce monde qui les renvoie à leur minorité, ne s'inquiète pas de les entendre et ne se préoccupe guère de leur parler, une large partie des jeunes dit non. Ils ont mille façons d'exprimer ce refus, qui se joue dans de nombreux aspects de leur vie.

Certains laissent tomber une carrière prometteuse. Je ne pense pas seulement aux jeunes ingénieurs agro qui ne veulent plus aller travailler dans l'agroalimentaire, ou aux hauts diplômés qui quittent leur bureau de la Défense pour passer un CAP de pâtisserie[1], mais à tous ceux qui lâchent les études juste après le bac pour gagner plus vite leur vie, avec l'intuition pas forcément fausse que le jeu n'en vaut pas la chandelle. D'autres prennent la clé des champs, filent à l'étranger ou partent vivre à la campagne. Il y a des choix radicaux, d'autres plus discrets. Mais une tendance forte à dire : *continuez sans nous*.

Et c'est envers la politique que ce refus s'exprime de la façon la plus nette. Sa forme la plus évidente est bien sûr l'abstention, un phénomène massif qui ne concerne pas que les jeunes, mais dont ils sont indiscutablement la pointe avancée.

---

1. Un super livre pour explorer ce phénomène qui n'a rien de marginal : Jean-Laurent Cassely, *La Révolte des premiers de la classe. Métiers à la con, quête de sens et reconversions urbaines*, Paris, Arkhê, 2017.

La politique, c'est pas sexy

Les politiques sont assez lucides : ils savent très bien qu'ils ne sont pas sexy, qu'ils n'attirent pas les foules et notamment les plus jeunes. Avec plein de bonne volonté, et souvent beaucoup de maladresse, ils essayent de lutter contre cette indifférence.

Ça fait bientôt plus de cinquante ans, depuis le septennat de Valéry Giscard d'Estaing (le premier président qui ait cherché à « faire jeune[1] »), que des politiques cherchent la méthode pour attirer les jeunes. En avril 1985, Mitterrand s'était fait interviewer par un journaliste assis sur son bureau, qui lui avait demandé s'il savait ce que signifiait « chébran ». Réponse du président : « Chébran, ça veut dire branché, mais c'est déjà un peu dépassé, vous auriez dû dire "câblé". » Deux ans plus tard, Chirac, Premier ministre en marche vers la présidentielle de 1988, se faisait photographier assis dans l'herbe avec un walkman, écoutant Madona (qui, pas dupe, allait faire son propre coup de com en lui jetant sa culotte lors d'un concert géant à Sceaux).

Des hommes politiques *chébran* ! Mais cela sentait quand même le storytelling à plein nez, et c'est justement dans ces années-là que la participation électorale des jeunes a commencé à vraiment décrocher[2]. Jusqu'à se creuser brutalement en 2002, au point de contribuer au séisme politique absolu (qui paraît bien

---

1. Si, si ! Regardez par exemple sur Google sa photo officielle, celle qui a été encadrée dans les mairies quand il était président : il est le premier à poser en costume de ville, alors que ses prédécesseurs étaient – accrochez-vous – en queue-de-pie. Et, autre nouveauté, la photo est prise en extérieur.

2. En 2004, Pierre Bréchon parle d'une « hausse tendancielle de l'abstention » chez les jeunes depuis le début des années 1980 (*La France aux urnes. Soixante ans d'histoire électorale*, Paris, La Documentation française, 2004).

commun vu d'aujourd'hui) : la présence de Jean-Marie Le Pen au deuxième tour de la présidentielle. L'un des facteurs majeurs du 21 avril 2002, c'est l'abstentionnisme massif des 18-25 ans : 34 % d'entre eux ne sont pas allés voter, contre 24 % en 1995[1]. On a d'ailleurs bien mis sur le dos des jeunes cette percée de l'extrême droite… Les jeunes sont toujours de bons boucs émissaires, je vous le répète !

En 2007, ça s'est mieux passé. La campagne de Nicolas Sarkozy surfait sur toutes les nouveautés : les Jeunes populaires étaient dans le coup, ils réseautaient sur Facebook, qui venait de sortir. En face, Ségolène Royal marquait des points avec une méthode attrayante, le premier programme élaboré en mode participatif : elle était fraîche, innovante. Ces deux candidats ont bénéficié, par ailleurs, de la « mémoire de 2002[2] » : la participation a été exceptionnelle, 85,3 % de votants, grâce à une forte mobilisation de nouveaux électeurs, notamment les jeunes de 18 à 34 ans qui se sont inscrits en masse sur les listes électorales et sont allés voter.

Mais lors des élections suivantes, le taux d'abstention des jeunes a repris sa progression. Élisabeth Algava et Kilian Bloch écrivent que « les écarts de participation selon l'âge, déjà très marqués en 2002, se sont accrus en vingt ans, surtout pour les législatives. Seuls 28 % des moins de 30 ans ont voté au second tour des législatives en 2022, contre 59 % des 65 ans ou plus, soit 31 points d'écart[3]. »

---

1. Voir Anne Muxel, « La participation politique des jeunes : soubresauts, fractures et ajustements », *Revue française de science politique*, n° 5-6, octobre 2002.

2. Stéphane Jugnot, « La participation électorale en 2007 : la mémoire de 2002 », *Insee première*, n° 1169, décembre 2007.

3. Élisabeth Algava et Kilian Bloch, « Vingt ans de participation électorale : en 2022, les écarts selon l'âge et le diplôme continuent de se creuser », *Insee première*, n° 1929, 17 novembre 2022.

Un chiffre dit tout : 50 % des jeunes sans diplôme n'ont voté à *aucun* des quatre tours des élections présidentielles et législatives organisées en 2022 !

Face à ce désengagement massif d'une partie de la jeunesse, les politiques déploient des stratégies dérisoires. Pour embarquer la jeunesse, et pour lui emprunter son dynamisme, ils ont inventé une formule soi-disant miracle mais qui ne fait pas illusion plus de trois minutes : « les jeunes avec ».

Les jeunes avec nous !

À chaque élection, les candidats cherchent un moyen de raccrocher les jeunes à leur programme. Ils le font en bricolant un mouvement de jeunesse, qui ne dure généralement pas plus que le temps de l'élection. En 2017, on a eu droit aux « Jeunes avec Macron », aux « Jeunes avec Marine », et aujourd'hui on a « Les Jeunes avec Bardella », et si vous cherchez sur Google vous découvrirez que chaque personnalité de premier plan a (ou a eu) son « Les jeunes avec ». Si si, même Alain Juppé. Giscard en son temps avait déjà inventé les « jeunes giscardiens ».

Le message est toujours le même : je suis l'avenir ! Les jeunes sont avec moi, c'est la preuve que mon programme est un programme d'avenir. Évidemment, on trouvera *toujours* quelques jeunes qui soutiendront un candidat. Mais cette utilisation de la jeunesse comme un argument électoral ne trompe personne, notamment l'immense majorité des jeunes. Et la réalité des mouvements de jeunesse accolés à des campagnes ou à des partis politiques est souvent très décevante. La politologue Anne Muxel cite un chiffre qui en dit long : 13 % des jeunes ont tenté l'expérience de s'engager dans un parti politique – pas si mal, pourrait-on se dire – ; sauf que *la moitié d'entre eux* a décroché et n'est plus intéressée par les partis politiques[1].

Et franchement, cette réalité rejoint complètement mon expérience : au moment du mouvement du CPE, il y a presque vingt ans, j'ai tenté d'adhérer à un parti. À l'époque, l'organisation qui était cool dans les manifs, c'était le MJS – le Mouvement des jeunes socialistes. Mais le côté *junior* ne me tentait pas. Je voulais faire de la politique, pas adhérer au club Mickey ! J'ai donc tenté d'adhérer à 17 ans au Parti socialiste. Et, bien sûr, on m'a renvoyé vers le MJS, en m'expliquant qu'en étant au MJS je serais automatiquement adhérent du Parti socialiste. Sauf que moi, ça me gonflait de passer par la case MJS : je ne voulais pas discuter QUE de sujets relatifs aux jeunes, comme les dispositifs étudiants, je voulais faire de la politique en général, moi. Non pas que les sujets étudiants ne m'intéressaient pas, mais le reste m'intéressait aussi, quoi !

Le MJS recrutait surtout des étudiants déjà majeurs, mais on les faisait quand même lanterner dans cette antichambre du parti. Il était assumé que le mouvement avait une fonction de formation, un endroit où l'on apprenait les bases du militantisme. Tu vas coller quelques affiches, tu vas faire des trucs militants que les vieux ne veulent plus faire, et ensuite, seulement ensuite, tu deviendras un *vrai* membre du *vrai* parti, celui des vieux, celui des adultes. Comme par hasard, il n'y a que les jeunes qui ont le droit à leurs sous-partis spécifiques : vous ne trouverez jamais « Les Vieux avec Sarko », ou « Les Riches avec Macron » !

Bref, c'est contraire à toutes mes convictions, et à 17 ans c'était déjà clair dans ma tête : stop aux sous-partis réservés aux jeunes ! Non seulement ça démotive

---

1. Voir Anne Muxel, *Politiquement jeune*, Paris, L'Aube/Fondation Jean Jaurès, 2018.

les jeunes, mais en plus, ça empêche les partis de se régénérer. Regardez où en est le PS aujourd'hui. Ah, s'ils avaient su me garder ! À l'heure qu'il est je porterais une cravate et j'aurais déjà créé « Les Jeunes avec Massiet » ah ah !

Mais attendez, il y a pire.

Le candidat des jeunes

Régulièrement, un inconnu sort de nulle part et se présente comme « le candidat des jeunes ». Un certain Maxime Verner avait fait ça pour l'élection présidentielle de 2012. Il n'a pas obtenu ses 500 signatures et l'opération a fait long feu. Il y a quelque temps, je me suis demandé ce qu'il était devenu. Il a retenté sa chance pour la présidentielle de 2017, en annonçant sa candidature dès 2015 et en participant à LaPrimaire.org, avant d'abandonner début 2017… et d'appeler à l'abstention ! Mais c'est un garçon qui s'accroche. Jetez un coup d'œil sur Wikipédia : il est toujours président de l'Association des jeunes de France, et à l'heure où j'écris ces lignes il est en fonction depuis 14 ans, 11 mois et 9 jours. Génial, non ?

À peu près tous les deux ans, en France, naît un parti jeune. Ils disparaissent en général assez vite. Mais certains s'accrochent : Allons Enfants, créé en 2014, est toujours actif. Ce sont des jeunes qui font du jeunisme politique, et qui ont poussé jusqu'au bout de sa logique l'idée des sous-partis jeunes en en faisant un parti à part entière.

Pourquoi ça ne marche jamais, ces « partis de la jeunesse » ? D'abord parce que la jeunesse n'est pas homogène : elle n'est pas représentable comme un tout, et elle ne peut pas être réduite à une offre politique spécialisée. Comme l'écrit très bien Anne Muxel,

« toute vision unificatrice doit être écartée[1] » quand on parle de la jeunesse – il y a des jeunesses, et dans ces jeunesses il y a des individus, des citoyens et des citoyennes qui ont leur opinion sur d'autres sujets que ceux qui concernent spécifiquement la jeunesse. Et ces opinions divergent !

Mais ces partis de la jeunesse échouent aussi, et surtout, parce que leurs animateurs sont des jeunes qui sont vieux à l'intérieur. On est frappé par leur déconnexion complète de toutes les aspirations et pratiques des nouvelles générations. Et par leur ignorance profonde du dédain dans lequel la plus grande partie des jeunes tient les formes politiques instituées, à commencer par les partis. De ce point de vue, Jordan Bardella a été très habile en débarquant sur TikTok très tôt et en utilisant une partie des codes très particuliers de la plateforme pour assoir sa popularité parmi certains jeunes. Mais sa politique ne trompe personne : c'est un vieux déguisé en jeune qui prône une politique tout droit sortie de la troisième République, et les Haribo boulottés en live ou les parties de PlayStation ne changent rien à l'affaire... Et les soupçons nourris par sa fulgurante ascension sur le réseau social chinois laissent rêveurs[2]...

Bref, ces aspirants à incarner le candidat des jeunes peinent... Ils ont le plus souvent tendance à souler les jeunes, tout comme les jeunes les plus militants soulent leurs potes. J'ai été de ces derniers d'ailleurs : un relou qui ne lâche jamais l'affaire.

---

1. *Ibid.*

2. Dans un reportage réalisé pour *C dans l'air* diffusé le 2 juillet 2024, le journaliste Philippe Moreau-Chevrolet remet en question la popularité fulgurante de Bardella sur TikTok en avançant l'hypothèse d'un emploi par le RN de comptes automatisés (« bots »).

Confession d'un mauvais pote

Il y a une phrase que j'entends régulièrement quand je discute avec des jeunes : « La politique, ça ne fait pas envie. » Ça remonte très souvent dans le fil de discussions de mes streams. Ça me tournait dans la tête. Et là, *tilt !* je me suis rappelé une conversation avec une copine, l'année de mes 17 ans.

En rejoignant le PS après le mouvement contre le CPE, j'ai commencé à participer à des réunions le soir, à discuter des grands sujets, à aller en manif de plus en plus : bref, je me suis politisé… et je suis devenu un mauvais pote. Entendons : je suis devenu chiant. Et cette copine, un jour, a fini par me le dire : « Jean, depuis six mois, t'es chiant. T'es pas marrant, t'es cynique, tu rigoles plus, tout est premier degré, t'as la mâchoire serrée, les sourcils froncés. »

Ce qu'elle me disait, c'est que je n'avais plus un rapport joyeux au monde. En me politisant, j'étais entré dans un club, ce qui a déjà toujours tendance à agacer ceux qui n'en sont pas, mais en plus un club qui te rend gris, sec et pas attrayant. Avec moi, d'un seul coup, tout était sérieux ! Du coup, je dégoûtais purement et simplement mes potes de la politique.

Et je crois que ce qui m'est arrivé à l'époque ne s'est franchement pas arrangé depuis : on est passé de *sérieux* à *grave*. La crise sociale, la crise climatique, les féminicides… : tous ces sujets ultra importants obligent ceux qui veulent à juste titre qu'on en parle à être aussi graves que leurs sujets. Résultat, on a l'impression que soit on milite, soit on est coupables. D'ailleurs, des États se font condamner aujourd'hui pour *inaction climatique*. Ne pas s'engager, c'est collaborer avec le système ! C'est avoir des morts sur la conscience ! D'un côté, ce n'est pas faux (voire c'est très juste). Mais de l'autre, ce n'est pas très joyeux (et c'est un gros problème).

Les nouvelles causes sont puissantes et motivantes, mais elles sont souvent et compréhensiblement[1] chargées d'angoisse, si bien que les militants qui les portent ont souvent tendance à soûler leurs potes, à les déprimer. Une cause qui donne l'impression qu'elle rend chiants – voire dépressifs – ceux qui la défendent ne peut pas faire des émules : c'est impossible !

À l'arrivée, le militantisme de ceux qui s'engagent ne parvient pas à rapprocher les jeunes de la politique – pas davantage que les partis de jeunes ou les autres tentatives du vieux monde pour draguer la jeunesse. Les jeunes, dans leur majorité, restent à distance. Ils n'achètent plus. Un politologue, Vincent Tiberj, évoquait il y a quelques années une « culture critique et distante[2] », qui marquerait l'ensemble d'une génération. Et c'est vrai que quand on prend la peine d'écouter des jeunes, sous la diversité des attitudes on est frappé par un trait majeur : le rapport conflictuel qu'elle entretient avec la politique.

Un rapport de défiance envers la politique

En 2016, une enquête originale a été lancée à l'initiative des sociétés Upian et Yami 2, pour mieux comprendre la génération européenne des 18-34 ans. Cela s'appelait « Generation What ? ». 149 questions étaient

1. On me dit dans l'oreillette que ce mot n'existe pas, mais je pense que vous avez saisi l'idée, donc je laisse, RIP la langue française et mon éditrice.

2. Vincent Tiberj, *Les Citoyens qui viennent. Comment le renouvellement générationnel transforme la politique en France*, Paris, PUF, coll. « Le Lien social », 2017.

posées, et des centaines de milliers d'internautes en Europe ont répondu. Ce n'était pas un sondage représentatif, mais c'était une bonne façon de prendre la température d'une génération, et ce sont des sociologues sérieux – en France, Anne Muxel, déjà citée dans ce chapitre – qui ont assuré le travail d'interprétation. Certains chiffres sont saisissants : 99 % des répondants pensent que les responsables politiques sont plus ou moins corrompus, et 63 % pensent qu'ils le sont tous !

Ce qui s'exprimait, c'était une forte défiance envers le monde politique. Je constate la même chose chez mes followers sur Twitch, dont beaucoup oscillent entre rejet et dégoût. Le rejet, c'est la version rationnelle. Le dégoût, c'est la version émotionnelle. Ce sont les deux faces d'une même médaille, qui signale un rapport de défiance envers la politique.

Le dégoût s'exprime dans des formules comme « tous pourris ». Beaucoup de jeunes pensent aussi qu'en politique, tout est calculé : les politiques seraient des cyniques calculateurs qui anticiperaient tout et créeraient volontairement des séquences d'événements hyper sophistiquées. Là, en général, je réponds qu'on n'est pas à Hollywood ! Pour avoir travaillé à l'intérieur (j'ai fait un peu de cabinet), si vous saviez à quel point ils improvisent… Oui, ils aimeraient bien anticiper, calculer. Ils essaient de jouer des coups, mais en réalité, ils passent leur temps à réagir, pas à façonner les événements !

Le rejet, lui, est plus rationnel. Par exemple, sur le fait d'aller voter, ou de s'engager, la formule qui revient, c'est : « Ça ne sert à rien. » Pourquoi j'irais voter alors que ça ne changera rien ? Pourquoi j'irais mettre une pièce dans ton dispositif de démocratie participative alors que les dés sont pipés ? Que la décision a déjà été prise ?

Ça, il faut l'entendre. Ils nous disent quelque chose de l'insincérité en démocratie, de l'insincérité de l'autorité lorsqu'elle te fait croire que tu vas pouvoir participer et changer les choses alors qu'il est acquis que tu ne vas rien changer du tout. Quant à ceux qui s'engagent, ils doivent faire le rude apprentissage des règles démocratiques, qui peuvent être raides à digérer au début : faire l'amère expérience d'être minoritaire, car oui c'est la majorité qui l'emporte, et lorsqu'on est opposant, lorsqu'on fait partie du camp minoritaire, il faut supporter d'être peu écouté, il faut savoir perdre, et c'est douloureux.

Or, le rapport de défiance que de nombreux jeunes entretiennent avec la politique souffre d'une très mauvaise interprétation, car il ne s'agit certainement pas d'un symptôme de dépolitisation. Les jeunes ont des reproches à faire au système démocratique et à la classe politique, c'est très différent. Or, en disant que les jeunes ne s'intéressent pas à la politique, on affirme qu'ils ne s'intéressent qu'à eux-mêmes, qu'ils regardent leurs pompes quand ils marchent dans la rue, n'ont pas un regard pour le monde qui les entoure. Et en disant cela, non seulement on passe à côté du malaise de toute une génération, mais en plus on les discrédite encore un peu plus.

Parce que les jeunes, *attention spoiler*, ont un rapport au monde qui les entoure. Un rapport parfois conflictuel, parfois dans l'adhésion, parfois dans le rejet, la construction, l'innovation. Leur rapport au monde est complexe, il a de multiples facettes. Mais ils ne se désintéressent certainement pas du monde.

Et leur rapport désabusé à la politique est *très* politique, parfois sans qu'ils s'en rendent compte eux-mêmes d'ailleurs. Très souvent, j'ai affaire à des jeunes qui se disent « pas intéressés » par la politique : « Non, moi, c'est pas mon truc, la politique. Parce que… » Et là, ils entrent dans un discours hautement politique. Car leur rejet, leur dégoût ou leur malaise montre un vrai rapport à la politique, une forme d'intérêt certes critique, mais ô combien émotionnel et consistant. La plupart des jeunes ne sont pas désinvoltes, encore moins ignorants, mais en désaccord sur le fond.

Et le refus de participer au politique devient alors une justification : « Parce que participer, c'est cautionner, et donc je ne vais pas participer à cette mascarade. Je refuse d'être assimilé à… » Si ce n'est pas de la politique, c'est quoi ?

Le rejet de l'ordre établi

Les dernières élections législatives illustrent une certaine radicalité dans le vote des plus jeunes : 48 % des votants de 18 à 24 ans ont plébiscité le NFP au premier tour, contre 33 % pour le RN[1]. Ce rejet du macronisme, qu'il soit de gauche ou d'extrême droite, exprime le désaccord.

Tous ces rejets se concentrent sur les formes instituées de la politique, qui sont épuisées. Mais ces rejets, ces refus, ne sont ni du nihilisme, ni du je-m'en-foutisme – c'est tout le contraire. Ils sont une aspiration à autre chose, qui tourne un peu en rond parce qu'elle peine à trouver, comme disait Rimbaud, *le lieu et la formule*.

Mais l'idée démocratique elle-même n'est heureusement pas encore en crise. Il n'y a plus de monarchistes, il n'y a plus d'anarchistes. Et il n'y a jamais eu autant de démocrates.

---

1. Selon un sondage Ipsos Talan pour France Télévisions, Radio France et Public Sénat publié au soir du premier tour le 30 juin 2024.

Si on limite la politique au scope de la participation élective, ou à l'engagement au sein des partis, oui, il y a crise, et une crise profonde de la politique, et c'est sans doute chez les jeunes que cette crise est la plus sensible. Mais la politique ne peut pas se résumer à ça. La politique, c'est un ensemble d'institutions, d'actions publiques, d'acteurs, et pas seulement issus des processus électifs. C'est une certaine façon de mener des discussions, d'arbitrer des conflits, de construire des rapports de force, parfois dans des lieux très éloignés de ce que l'on appelle traditionnellement « la politique ». C'est aussi un temps présent, une actualité, des débats. Ce sont des enjeux, des valeurs, un rapport au monde. Ce sont des opinions qui circulent, qu'on exprime, contre lesquelles on se dresse. Et tout cela est plus vivant que jamais, en particulier chez les jeunes. Simplement, il faut apprendre à le voir. Et pour cela changer de lunettes.

Deuxième partie

Sous les radars, la politisation des jeunes

Une politisation hors champ

On va partir d'un public que je connais bien, qui semble a priori loin de la politique, et qui revendique d'ailleurs en être très éloigné : les *gamers*, et parmi eux, ceux qui fréquentent les forums de jeux vidéo. Ces communautés sont passionnantes et sociologiquement très peu étudiées. Et il s'y passe des choses très intéressantes… et très politiques.

En observant ces jeunes et ce qui se dit sur ces forums, on se débarrasse au passage de quelques idées reçues. Sur leurs incapacités supposées en matière de politique, notamment, qui cachent en vérité de réelles capacités. Et sur les modes d'action collective qu'ils ont développés. Je dirais même plus, accrochez-vous : les *gamers* sont au cœur de la réinvention de nouvelles formes politiques, qui les connectent aux activistes. Je m'explique.

Incapacités supposées, capacités réelles

Si la société a souvent tendance à fantasmer une jeunesse qui n'existe pas, cette tendance est encore plus marquée quand on évoque les jeux vidéo. Les *gamers* sont l'espace de projection privilégié de *toutes* les conneries que les vieux se racontent sur la jeunesse.

Rappelez-vous la grande panique des années 2000 (pas tout à fait éteinte, n'est-ce pas M. Macron ?) : au secours, les jeux vidéo rendent les jeunes violents ! La préconception, déjà, fleurait bon le rousseauisme : les jeunes seraient une espèce de pâte à modeler naïve et bonne par nature, les jeux vidéo viendraient pervertir ces petites têtes blondes pour mettre de la violence dans leur petit cœur (et dans leur petite tête), et c'est donc à cause des méchants jeux vidéo que les jeunes seraient violents. Mais la sociologie va contre cette affirmation : pas de bol, depuis 30 ans, les gens sont plutôt *de moins en moins* violents si l'on considère les homicides[1] : alors que les jeunes tuent des monstres sur leur console, il semblerait qu'on s'entretue moins dans les rues !

Mais certains stéréotypes ont la vie dure. Les jeunes, à force de jouer aux jeux vidéo, seraient incapables de faire la différence entre le virtuel et le réel ? C'est exactement l'inverse ! Ceux qui ont l'habitude des jeux vidéo sont les plus à même de faire la part des choses entre ce qui appartient au domaine de la fiction et ce qui appartient au réel. Ils sont habitués à entrer et à sortir d'un narratif, d'un univers. Ils sont équipés intellectuellement, cognitivement[2]. Ils ont des

---

1. Le taux d'homicide pour 100 000 habitants a été divisé par deux entre 1993 et 2022 (Centre d'observation de la société, 5 décembre 2023). Mais le thème de la violence des jeunes est un marronnier politique et médiatique : il suffit de quelques faits divers pour faire oublier les statistiques qui montrent invariablement que le phénomène est ultraminoritaire et qu'il n'augmente pas, comme le rappelle régulièrement l'Association française des magistrats de la jeunesse et de la famille par la voix de sa présidente, Alice Grunewald.

2. Voir cette méta-analyse (un papier qui résume toute une série d'études) : Benoît Bediou *et al.*, « Meta-analysis of action video game impact on perceptual, attentional, and cognitive skills », *Psychological Bulletin*, janvier 2018.

ressources pour considérer une pluralité de mondes possibles. Ils sont *acculturés* à la pluralité des mondes.

Les jeunes *gamers* ne sont pas plus crédules que les autres. Au contraire, ils se laissent moins piéger. Pourquoi ? Parce qu'ils sont plus agiles, plus à l'aise pour naviguer sur les réseaux sociaux. Ils sont moins dupes de ce qui s'y trouve, là où la génération de leurs parents est souvent, elle, vraiment naïve, peu formée. Les parents peuvent bien plus facilement être surpris et décontenancés par l'incroyable foisonnement qu'offre Internet… et tomber dans le premier panneau venu. Un peu comme les personnes âgées qui perdent de grosses sommes dans les arnaques en ligne[1].

On parle des *digital natives*, mais c'est une formule toute faite qui ne dit pas grand-chose. Le jeu vidéo est un phénomène transgénérationnel. Il y a des quinquagénaires qui ont commencé sur les bornes d'arcade dans les années 1980 et qui sont toujours dans le coup. La différence, c'est qu'ils étaient moins nombreux, alors que dans les générations qui arrivent, tout le monde joue. La culture du gaming a pris une place centrale dans la vie des jeunes d'aujourd'hui.

Or, cette culture développe quelque chose de fondamental : l'adaptabilité, la capacité à découvrir de nouveaux univers, à apprendre de nouvelles règles. Si on fait un pont avec « le grand jeu de la vie », cette culture donne aux jeunes des armes supplémentaires pour faire face à la nouveauté – armes que n'ont pas les plus âgés. Le covid est un bon exemple. Voilà une vraie nouveauté ! Et dans son sillage, on voit se développer toutes sortes de phénomènes complotistes. De fait, quand on regarde aujourd'hui le mouvement

1. Le rapport annuel 2022 du Internet Crime Complaint Center (IC3) du FBI montre que les personnes de plus de 60 ans sont celles qui perdent le plus d'argent sur Internet.

QAnon français, ou les antivax, ce ne sont pas des jeunes qui sont en première ligne. Un sondage de l'institut Cluster17 paru dans *Le Point* le 26 janvier 2024 montrait que les 16-30 ans étaient la première catégorie à se dire en accord avec la phrase « Les vaccins représentent un grand progrès dans l'histoire de l'humanité » (98 %), quand les 50-64 ans étaient la dernière (91 %). Les jeunes « ne sont pas antiscience, bien au contraire », commentait Jean-Yves Dormagen, professeur de science politique à l'université de Montpellier et fondateur de Cluster17.

Il faut distinguer entre les sources d'information et les capacités de raisonnement. Oui, comme les jeunes s'informent en priorité sur les réseaux sociaux, ils sont particulièrement exposés aux bulles informationnelles et à la diffusion de *fake news*. Mais cela, ça décrit leur environnement. Face à cet environnement, les quelques chiffres que j'ai cités montrent qu'ils résistent plutôt mieux que d'autres segments de la population. J'irai plus loin : alors que les plus âgés sont souvent des croyants du complotisme, les jeunes qui s'y adonnent ont une forme de légèreté, pour ne pas dire d'ironie. Ils enfilent le costume du complotiste pour écrire des conneries sur Redddit, sous pseudo, comme dans un jeu de rôle ; puis ils changent de costume et reviennent, IRL, à des opinions bien plus modérées. Ils ne croient pas vraiment que la terre soit plate[1] ! En revanche, ils ne sont plus, comme on l'était dans le passé, des béni-oui-oui du progrès scientifique et technique.

1. Pour une discussion sérieuse de ce sujet, voir Craig A. Foster & Glenn Branch, « Do People Really Think Earth Might Be Flat ? », *Scientific American*, 21 août 2018. En gros : les jeunes sont des *non-believers*. Dans un sondage YouGov qui proclamait que « 66 % des *millenials* ne croient pas que la terre est ronde », seuls 2 % croyaient *vraiment* que la terre est plate.

Pour résumer : on a tendance à interpréter la pratique du jeu vidéo comme génératrice d'incapacités, qui contribuerait à faire des jeunes de mauvais citoyens (violents, crédules, complotistes, incapables de distinguer le réel et le virtuel), quand au contraire elle développe des capacités.

Des capacités éminemment politiques, notamment.

La gouvernance façon Minecraft

Vous avez déjà joué à Minecraft ? Pour ceux qui ne connaissent pas, c'est un jeu vidéo communautaire où on construit des villes, des pays. Ce qu'adorent les jeunes et qui a fait le succès planétaire de ce jeu, c'est quand on crée des univers : on appelle ça un serveur Minecraft. Les joueurs construisent des villes entières, des mondes, mais ce faisant ils construisent aussi des manières de jouer. Ils élaborent des règles.

C'est pour ça que, quand on me dit que les jeunes sont individualistes, je rigole doucement. Un ado seul devant son écran est en réalité la plupart du temps immergé dans une communauté qui apprend à travailler ensemble. Ce « faire ensemble », c'est l'équivalent moderne du scoutisme ou des mouvements de jeunesse ; Minecraft est un chantier de jeunesse du XXIe siècle. La seule différence est qu'au XXe siècle on montait de vraies briques et qu'on dormait sous la tente.

Certains éditeurs de jeux vidéo ont d'ailleurs compris cet enjeu, en donnant explicitement une dimension politique à ces dynamiques de coopération. *Watch Dogs : Legion* propose ainsi aux joueurs d'incarner un peuple qui tente de reprendre le pouvoir, en recrutant des citoyens pour libérer Londres d'une dictature numérique. Clint Hocking, le directeur créatif du jeu, parle explicitement de « travailler ensemble à construire un monde meilleur[1] ».

Ce qui se joue dans ces communautés, loin sous le radar des parents, des politiques et des animateurs des grands réseaux associatifs, c'est de l'éducation populaire à balles réelles : il s'agit bien, comme en rêvait Jean Macé quand il a fondé la Ligue de l'enseignement en 1866, de « faire des citoyens ». Et de les équiper pour l'action collective !

Le plus amusant, c'est que ces jeunes ne savent pas qu'ils sont en train d'apprendre la méthodologie de projets, qu'ils développent un savoir-faire remarquable. Ils me surprennent par leur capacité à saisir à toute vitesse des méthodes auxquelles on consacre de longues, très longues sessions de formation dans les vieilles organisations d'éducation populaire – les Francas, Léo Lagrange et autres Ligue de l'enseignement. Ce doit être curieux pour un jeune d'assister à la réunion plénière d'une fédération de la Ligue de l'enseignement où on lui explique la méthodologie de projet. Il doit se dire : « Je fais ça toute la journée sur Minecraft. » Un atelier pour apprendre à gérer des conflits, organiser des réunions, prendre des décisions ensemble, donner la parole à tout le monde pour que chacun soit partie prenante de la décision commune, ça va le faire marrer !

Et figurez-vous que de très nombreux jeux vidéo sont animés par une culture communautaire valorisant l'auto-organisation. Dans ces jeux, il y a du commun, de la responsabilité, du pouvoir d'agir. Mais ce n'est pas tout. Cette coopération exige une coordination, des décisions, des discussions, afin que des majorités se constituent, bref : on y fait de la politique. Tous ceux

---

1. Voir Alexis Rosier, « Le jeu vidéo au service de la démocratie numérique ? », *Numérique éthique*, 9 juillet 2021.

qui pratiquent Minecraft savent qu'une discussion éternelle existe sur la manière dont on doit gérer le serveur. On se pose en permanence, dans ces communautés, des questions de gouvernance démocratique.

Une figure intéressante, par exemple, est celle du modérateur. Leur rôle ? Encadrer (bénévolement) les joueurs sur le jeu et sur le serveur Discord. Ils s'assurent de la bonne ambiance et de la bonne entente entre joueurs et s'appliquent à faire respecter les règles définies en pointant les abus. Ils peuvent même décider d'exclure un membre qui aurait tenu des propos inadmissibles. Mais ils ne peuvent pas le faire d'une façon abusive, car ils sont eux-mêmes contrôlés par la communauté. C'est intéressant en démocratie, cette notion de modération qui permet l'expression par chacun d'une opinion, sous l'œil attentif d'un autre membre de la communauté qui a des pouvoirs de modération.

Le monde du *gaming* est également marqué par un rapport à l'autorité très stimulant, qui s'exprime sur le mode du défi, de l'interpellation : on adore avoir un rapport conflictuel au développeur du jeu, à l'éditeur du jeu, qui est quasiment un État, puisque c'est lui qui décide des règles, et même de la mort du jeu. Sur les forums, les joueurs passent leur temps à discuter, à contester telle ou telle décision de l'éditeur, à proposer d'autres voies possibles[1].

Les *gamers* qui s'expriment dans les forums sont dans une position d'acteurs politiques : ils ne se contentent pas de râler dans leur coin mais s'expriment, diffusent des infos, les commentent ; ils se

1. Sur ce défi à l'autorité, une des figures fortes de la culture web, c'est le hacker. Lui, il va s'attaquer au monde réel. C'est peut-être pour cette raison qu'il est aimé : il va défier l'autorité, il met un coup de pied dans la fourmilière.

coalisent, organisent une discussion publique et y participent activement ; enfin et surtout, ils réussissent à se faire entendre des éditeurs. Car ceux-ci sont en prise avec les communautés de *gamers*, ils les prennent au sérieux et ont soin de le leur montrer. Les forums leur offrent un précieux *feedback*. Le forum n'est pas un défouloir, mais un canal de communication des « citoyens » du jeu vers « l'État », qui permet à celui-ci de mieux comprendre les souhaits, les clivages, les colères de la micro société que le jeu réunit.

La vitalité de ces espaces a naturellement amené sur certains sites, en particulier jeuxvideo.com dans les années 2000 ou Twitch depuis quelques années, une multiplication des forums et surtout un débordement des discussions sur toutes sortes de thèmes, dont certains n'ont plus rien à voir avec les jeux vidéo. Cela a parfois posé des questions de modération, et on ne peut pas ignorer le fait que ces espaces abritent *aussi* des contenus ultra-contestables ou carrément illégaux, sans parler des *fake news* ; de même qu'on ne peut pas ignorer non plus la contribution de ces échanges à une polarisation de la société autour de clivages et de *clash*. Mais comment ne pas voir *aussi* que tous ces espaces de discussion sont des places publiques, des agoras ? Avec les autres réseaux sociaux, ils ont contribué à élargir et à ouvrir au plus grand nombre ce que le philosophe allemand Jürgen Habermas considère comme le socle des démocraties modernes : un « espace public » qui assure une libre circulation de la parole et permet ainsi un meilleur contrôle du pouvoir par les citoyens[1].

Désormais les jeunes sont acculturés à ces modes d'expression et de délibération qui, au-delà du monde

1. Lisez-le, on a la même maison d'édition ! Jürgen Habermas, *L'Espace public* (1962), Paris, Payot, 1988.

des jeux vidéo pris ici comme exemple, irriguent toute la culture web depuis l'avènement du web 2.0 et des réseaux sociaux qui ont offert aux internautes d'innombrables possibilités de s'exprimer. Quand quelque chose leur déplaît, ils n'imaginent pas de se taire ! Et ils espèrent être entendus. Ce que les politologues appellent « socialisation politique » se fait aujourd'hui en partie dans ces lieux virtuels. Des lieux animés par des phénomènes très politiques, et qui renouvellent profondément les façons de faire les choses ensemble, ou plutôt, pour reprendre le vocabulaire des spécialistes, *qui renouvellent le répertoire de l'action collective*. Il ne s'agit évidemment pas pour moi de nier toutes les dérives hébergées par ce type de places. Mais je veux absolument en sauver le caractère positif car cet aspect politique des forums d'échanges est essentiel. Cela peut jouer un rôle clé dans la mutation que doit connaître urgemment notre système démocratique : ces forums peuvent inspirer par bien des aspects les politiques notamment participatives.

Ce renouvellement affecte notamment directement les nouveaux modes de militantisme. Les émergences qu'on observe dans les mondes jugés « dépolitisés » des forums de jeux vidéo et celles, plus visibles, des « nouvelles radicalités » ont en commun des traits structurants.

De nouveaux modes d'action

Un trait constitutif de ces nouveaux modes de fonctionnement, c'est la possibilité de s'exprimer directement, sans passer par des instances, des temps et des espaces dédiés. La pratique du pseudonyme, qui est de mise sur une bonne partie des forums, contribue à désinhiber la parole : quand on veut la parole, on la prend, et on peut le faire dans le bus sur son téléphone, ou tard le soir dans sa chambre, n'importe quand et n'importe où.

Un deuxième trait, qu'on voit à l'œuvre dans l'univers de Minecraft aussi bien que dans les collectifs militants, c'est une capacité à s'organiser en vue de passer à l'action rapidement. Je suis frappé par la facilité des jeunes à créer des comptes Twitter ou Insta, des serveurs Discord, des pétitions en ligne, et plus généralement par leur facilité à s'approprier les nombreux outils qui sont à leur disposition. La créativité, la capacité à imaginer des générations qui arrivent sont phénoménales. Cela rejaillit d'ailleurs dans le monde physique : je pense aux collages féministes, à l'impact extraordinaire qu'ont ces séries de feuilles A4 portant chacune une lettre, et collées dans les rues des grandes villes.

Troisième aspect, étroitement lié aux deux premiers : un goût prononcé pour les organisations horizontales, sur le modèle égalitaire du forum ou du collectif, et un dégoût tout aussi marqué pour les procédures bureaucratiques. Ce n'est pas complètement une nouveauté : déjà, dans les années 1970, ceux qu'on a appelés les « nouveaux mouvements sociaux[1] » ont fait turbuler le système, le MLF, Greenpeace, Médecins sans frontières, les groupes militants sur les prisons, ou encore les animateurs des radios libres. Par rapport à ceux qui avaient dix ans de plus et avaient l'habitude des réunions de bureau, d'AG, de conseil d'administration, ils innovaient.

---

1. Pour une bonne synthèse, vous pouvez lire l'article de Didier Chabanet, « Nouveaux mouvements sociaux », dans la deuxième édition du *Dictionnaire des mouvements sociaux*, Paris, Presses de Sciences Po, 2020.

Mais ces innovateurs d'hier sont dépassés par l'efficacité de ceux d'aujourd'hui. Quand des jeunes se collent la main sur le bitume, jettent de la soupe sur un tableau de maître au musée ou bloquent des projets de méga bassines, ils parviennent à mettre ces sujets au centre de l'attention médiatique bien mieux que l'ancienne garde. Les jeunes ont une incroyable capacité à bousculer les vieux.

Boucles WhatsApp et chaînes Telegram

Le contraste entre ces nouveaux modes d'action et les organisations du vieux monde est parfois extrême. Dans ces « collectifs », qui fonctionnent en réseau, tu n'as pas besoin d'adhérer, tu n'obéis pas aux têtes de pont qui donnent les mots d'ordre, tu ne fais pas durer une AG jusqu'à 2 heures du matin pour aller jusqu'au moment où il n'y a plus personne et où tu peux faire passer ta motion.

Il y a un caractère express, facile, ce sont souvent des actions coup de poing, avec de l'adrénaline et un vrai impact médiatique. Cette méthode peut passer par les images, mais aussi par une présence physique massive ou un retentissement incroyable sur les réseaux sociaux (nombre de likes ou de retweets, ratios, etc.). On a fait une démonstration de force et c'est en soi une victoire.

Ces formes émergentes parlent beaucoup aux jeunes, mais elles ne sont pas exclusivement portées par les jeunes. Les Gilets jaunes en ont été un bon exemple, et ils ont obtenu des résultats. On a vu aussi, au moment du covid, les syndicats concurrencés par des boucles WhatsApp et des groupes Facebook, qui les court-circuitaient et dont les animateurs avaient plutôt 40 ans que 25. Ce qu'on appelle « les jeunes », au fond, c'est la partie de la société qui a le mieux intégré l'idée qu'on fonctionne à présent en réseau comme Internet et non plus en structure pyramidale comme jadis.

On comprend dans ces conditions leur réticence envers la politique à l'ancienne, avec son caractère pyramidal et procédural. Quand ta culture et tes références se façonnent sur des réseaux horizontaux, quand tes réalisations personnelles sont en réseau, tu as moins envie de te précipiter dans un truc aussi corseté et vertical que la politique à la papa.

On comprend mieux aussi l'incompréhension abyssale entre les deux mondes. Et la conséquence évidente, c'est que les vieilles organisations sont moribondes. Si les jeunes s'en détournent, si quand ils essaient de s'y investir, ils décrochent pour ne plus revenir, c'est que leur fonctionnement est aux antipodes de ces nouvelles pratiques qui sont au cœur de la socialisation politique des générations qui arrivent.

Il faut le dire : les partis politiques, ça ne marche plus. La simple idée d'adhérer, avec une carte et une cotisation, est un obstacle. Pourquoi s'emprisonner ?

C'est l'une des raisons du succès de la France insoumise : ils ont simplifié les procédures et la vie des instances, les jeunes militants ne passent pas leur temps en réunion : ça a le mérite d'offrir une respiration, et de libérer du temps militant. Bien sûr, quand on discute avec les jeunes adhérents LFI, on se rend compte que c'est pétri de contradictions. Ils préféraient évidemment que ce soit plus démocratique, mais d'un autre côté, ils ne supporteraient pas une seconde de perdre leur temps dans des procédures à n'en plus finir. Et, comme me le disait un militant : « On recréerait le PS et ça emmerderait tout le monde, on deviendrait un parti d'apparatchiks ! »

La République en marche a tenté une autre formule : l'adhésion virtuelle, la vie démocratique réduite aux emails. Pratique aussi : il suffit de les marquer comme « lus » et le tour est joué. C'est aussi, comme LFI, un parti constitué autour d'un leader, loin des « courants » et de la concurrence entre les « éléphants » qui ont pourri la vie du PS.

Mais les partis plus classiques, les LR, le PS, le PCF, même le RN qui a pourtant le vent en poupe, n'arrivent plus à embarquer les jeunes dans la vie militante – les selfies de Bardella fonctionnent sur TikTok, il peut afficher des milliers de likes, mais aucun de ses abonnés n'ira tracter pour lui. Les organisations traditionnelles de la politique n'ont pas le moindre attrait pour des jeunes qui ont développé d'autres façons d'agir en commun.

Ce n'est pas la politique qui est en crise, ni les jeunes qui sont dépolitisés, ce sont les organisations traditionnelles de la politique qui n'arrivent plus à intéresser les jeunes. Leurs procédures, leurs petits jeux internes, leur hiérarchie, l'idée même de l'adhésion formelle, tout ça est très loin de la fluidité et des coopérations qui sont au cœur de la socialisation politique des jeunes. Et la distance devient immense quand on considère ce qui est l'enjeu central de la politique : la parole publique.

Quand dire c'est faire

La forme centrale des nouveaux modes d'action prisés par les jeunes, c'est l'interpellation d'une institution et, au-delà, du public. L'enjeu est de faire monter un sujet, de forcer l'attention. Dans les collectifs militants, cela renouvelle les vieilles méthodes de l'agit-prop, dans un esprit situationniste : il faut frapper les esprits.

Mais la place de la parole dans ces nouvelles formes de mobilisation politique va bien au-delà d'une simple technique de communication. La parole des nouveaux militants n'est pas qu'un outil dans un répertoire d'action. Par son simple surgissement, elle peut changer le monde : *coming out* et libération de la parole font sauter des tabous et amènent les expériences sociales des marges vers le centre des attentions ; lanceurs d'alertes et nouveaux activistes obligent entreprises, personnalités et institutions à répondre de leurs actes.

En fait, et c'est ce que je voudrais montrer dans ce chapitre, la prise de parole est au cœur d'un nouveau régime d'action politique. Mais pour qu'une parole acquière ainsi une dimension performative, pour que le *dire* devienne du *faire*, elle doit avoir des qualités particulières qui, trop souvent, font défaut à la parole politique classique.

Cette dernière souffre de deux travers rédhibitoires. Soit elle est produite avec l'aide de *spin doctors* :

elle s'apparente alors à de la com, et son manque de sincérité est la première chose qui saute aux yeux des jeunes. Ils ne sont pas dupes, ils n'achètent pas. Pire, ça les révolte qu'on les prenne pour des cons. Soit, deuxième travers, elle est corsetée dans des cadres et procédures qui écrasent toute spontanéité : c'est la parole des instances, des ordres du jour, des motions, des résolutions, des communiqués. C'est le règne des éléments de langage, et alors les deux défauts se cumulent : la procédure et la com.

Oublions donc le vieux monde et ses *mots gelés*, comme disait Rabelais. Qu'est-ce qui fait aujourd'hui qu'une parole acquiert une portée politique ? Et qu'est-ce qui est à l'œuvre exactement dans les nouvelles prises de parole ?

La force du témoignage

Je partirai d'une expérience personnelle. Vous le savez ou pas, je suis bipolaire, et dans l'hiver 2023-2024 j'ai eu un gros, gros coup de mou : j'ai traversé une phase dépressive aiguë et j'ai été hospitalisé. Quand je suis sorti de l'hôpital, j'ai décidé d'en parler, et le premier endroit où j'ai témoigné, c'était dans mon émission sur Twitch, *Backseat*. C'était d'abord à mon public que je voulais parler, parce que je leur devais ça : j'avais envie d'être très clair avec eux, qu'ils sachent dans quel état j'étais et pourquoi j'avais déserté l'espace où l'on partage habituellement ensemble. Pour moi, c'était une évidence ; c'est l'un des fondements de la culture Web. Quand tu es une personnalité d'Internet, tu assumes la transparence, la sincérité, y compris quand la vérité est difficile à dire.

Ce qui s'est passé alors est très intéressant. Tout d'abord, beaucoup de personnes de ma communauté m'ont félicité d'avoir eu le courage de parler publiquement. J'ai reçu énormément de messages de la part de jeunes qui me remerciaient et qui eux-mêmes témoignaient de leurs difficultés, ou de celles de leurs proches : *Je sais bien ce que tu traverses puisque mon frère ou mon père ou ma mère subit la même chose.* C'est une des particularités de Twitch : je parle aux gens, j'ai un micro, une caméra, c'est mon métier – mais les gens me parlent aussi beaucoup.

Plus généralement, une parole d'aveu, de *coming out*, suscite aussitôt des échanges, elle fait surgir d'autres paroles. Cela a une portée sociale et politique de sortir de la chape de silence et de dire : « Voilà ce qui m'arrive, voilà ce que je peux vous dire », il n'y a pas de honte, pas d'embarras. Ou plutôt si, il y a un embarras, mais parlons-en justement. Celui qui témoigne libère la parole des autres, on se sent tous moins seuls, moins à part. Cela crée du lien.

Seulement, comme je suis un peu connu, cela ne s'est pas arrêté là. Dans un second temps, des journalistes m'ont contacté et je me suis retrouvé à témoigner dans *Libération* et sur Canal+. Après coup, j'ai presque regretté cette prise de parole dans les médias. Moi, ce qui m'importait, ce n'était pas le grand public, c'était *mon* public. Je me suis aussi rendu compte que je n'étais pas prêt à cette médiatisation. Mon état n'était pas suffisamment stable pour supporter la vue de mon visage s'étalant sur la *home* de Liberation.fr pendant 48 heures. Enfin, je ne voulais pas parler à la France entière et encore moins devenir une égérie de la bipolarité ou de la maladie mentale. Donc, après Canal+, j'ai refusé absolument toutes les sollicitations.

Mais l'expérience en elle-même m'a permis de toucher du doigt la puissance du témoignage, la portée politique du *coming out*. Beaucoup des sujets qui ont émergé ces dernières années l'ont fait sous cette forme. On pense évidemment à #MeToo, devenu un véritable mouvement de société à partir du moment où plusieurs victimes ont accepté de dire ce qu'elles avaient subi d'un producteur de cinéma. Et #MeToo est l'arbre qui cache la forêt : pensons à l'extraordinaire essor des témoignages de victimes d'abus, dans les familles, les écoles ou le monde professionnel.

Tout aussi marquant est le soutien du public, notamment parmi les jeunes. Ils s'identifient spontanément à la victime, que ce soit d'abus ou de discriminations, mais aussi plus généralement à tous ceux qui vivent une situation difficile et pourraient se sentir isolés. Quand je vois que la grande majorité des jeunes se mobilisent en soutien des causes LGBTQIA+, je trouve ça formidable. Et eux voient ça comme une évidence. Mais ce n'en est pas une : il n'y a pas si longtemps, nous vivions dans un monde différent. Les « sorties du placard » des homosexuels et la Gay Pride, ce sont les années 1970 et 1980. Les témoignages sur l'inceste, il a fallu plusieurs décennies pour les *entendre*. #MeToo, c'est en 2006 que ça commence, et il faut attendre 2017 pour que cela explose. On entend souvent que la parole doit se libérer mais, en vérité, ce sont aux oreilles de s'ouvrir.

Quand quelqu'un s'avance et parle de soi, de ce qui ne va pas, cela suscite en écho d'autres témoignages, des réponses aussi. Il y a dans ces échanges ce qui manque terriblement à l'ancien régime de la parole politique : de l'écoute. Et cela marche dans les deux sens : l'ancien régime n'écoute pas, ou n'entend pas, la parole n'arrive plus jusqu'à lui, elle est filtrée par les hiérarchies, les procédures, l'isolement des responsables. Et en retour, il est inaudible.

Si les jeunes sont particulièrement sensibles à ce nouveau régime de la parole, où quelqu'un témoigne et où une communauté émerge pour l'écouter et lui répondre, c'est aussi que fondamentalement – et c'était l'objet des premiers chapitres de ce livre – leur parole est disqualifiée ; elle n'est pas *autorisée*. Prendre la parole, c'est un geste essentiel qui passe outre cette disqualification. Et ce geste trouve son sens, il est facilité aussi, dans la mobilisation d'une communauté attentive (je n'aime pas trop le mot « bienveillant », mais il vient aussi à l'esprit). Ils n'ont pas l'impression de parler dans le vide.

Un slogan emblématique de ce nouveau régime, à ce titre, est celui qui s'adresse aux victimes d'inceste : « *On vous croit* et vous ne serez plus jamais seules. » C'est essentiel, quand on sait la force et le courage qu'il faut pour s'avouer le traumatisme, puis le sortir de soi, le dire à ses proches, et le porter (ou non) devant un juge. Comme ces victimes d'inceste sont enfermées dans le silence depuis l'enfance, cela rejoint d'ailleurs les droits de l'enfant. Le principe le plus important de la Convention internationale des droits de l'enfant, à mes yeux, c'est le droit à l'expression. La possibilité pour les enfants de s'exprimer et, en théorie du moins, d'être entendus. Au fond, les droits de l'enfant, c'est une *autorisation* de la parole de l'enfant : une prise au sérieux, une valorisation de la parole de l'enfant. C'est très puissant, ce lien entre la possibilité de prendre la parole et la promesse d'être entendu.

C'est l'honneur de notre époque que d'avoir enfin entrepris d'apprendre à entendre, les enfants mais aussi tous ceux qui restaient murés dans le silence. Et ceux qui, les premiers, osent prendre la parole, autorisent en retour d'autres personnes à s'exprimer.

Un mauvais procès

Il faut ici répondre à tous ceux qui voient, dans cette multiplication de témoignages sur *qui je suis, ce que je vis*, une nouvelle manifestation de ce que Christopher Lasch appelait « la culture du narcissisme[1] ».

C'est un mauvais procès fait à ces jeunes de parler de nombrilisme, de génération qui se regarde dans le miroir, de génération selfies. C'est un mauvais procès de leur dire que leur militantisme sera infécond puisqu'ils ne vont parler que d'eux-mêmes. C'est passer à côté de la profondeur de la structuration politique et de la formation que cela leur apporte. Cela méconnaît complètement, en particulier, l'apprentissage de la parole en public. Cela méconnaît aussi la dimension de solidarité active qui se joue dans ce nouveau régime de la parole, dans ces échanges, ces échos, ces reprises, cette viralité parfois qui touche des centaines de milliers de personnes. C'est autre chose qu'une tribune dans le *Monde* ou un discours devant 300 têtes blanches !

Enfin, cela néglige un point majeur, qui se joue dans le surgissement dans l'espace public de toutes ces paroles sur des choses intimes. Elles concernent la vie des individus, mais on ne perçoit pas spontanément qu'elles engagent la vie de la cité. La prise de parole leur donne une résonance publique, et l'écho qui leur est donné contribue à révéler leur dimension systémique. On réalise que ce n'est pas *que* de l'intime, qu'elles décrivent du commun ; qu'elles ont, en somme, une portée sociale et politique.

---

1. Christopher Lasch, *La Culture du narcissisme*, Paris, Champs/Flammarion, 2006. À noter que son livre, dont l'original anglais est paru en 1979, parlait surtout des boomers !

Cette portée se joue d'abord dans le fait qu'elles brisent le silence. Car ce silence n'est pas une donnée, il n'a rien de neutre : c'est un fait politique. Une universitaire féministe, Carol Gilligan, a donné il y a quelques mois un très beau texte sur ce sujet, « Silencing of the girls[1] », traduit sur la newsletter *Les Glorieuses*. Cette « silenciation » a mille nuances, des phrases commençant par « je ne sais pas » des femmes qui se disqualifient elles-mêmes jusqu'au traumatisme verrouillé à double tour. Elle se laisse saisir comme une transaction, écrit l'éditrice des *Glorieuses*, Rebecca Amsallem : « Pour vivre, pour survivre, les filles font un marché avec le patriarcat : elles se taisent et en échange elles réussissent. Évidemment, c'est un mauvais marché. » Sortir du silence prend dès lors une dimension politique, celle d'une confrontation avec le patriarcat.

Le simple fait que cette formule, « confrontation avec le patriarcat », soit controversée, atteste son caractère politique : on est ici dans l'arène du débat public. Connecter un malaise « intime » avec l'existence d'un adversaire, c'est précisément passer de la psychologie à la politique. Du développement personnel au combat sociétal. « L'intime est politique » : ce fameux slogan émergé des luttes féministes américaines dans les années 1970 est infiniment précieux.

Prendre la parole sur soi peut être un geste hautement politique. Dans une autre newsletter des *Glorieuses* est donnée en épigraphe une phrase d'Audre Lorde qui le dit avec force : « Si je ne me définissais pas moi-même, je serais écrasée par les fantasmes d'autres à mon sujet et dévorée vivante. » Audre Lorde ? Moi non plus je ne la connaissais pas.

---

1. Carol Gilligan, « Silencing of the girls », *Aeon*, 29 février 2024.

C'était une poétesse et militante américaine née en 1934, qui était à elle seule un bouquet de minorités : femme, noire, homosexuelle – la fameuse intersectionnalité des luttes. Se définir elle-même était bien un enjeu de survie, et cet effort était indissociable du combat pour les droits civiques et de la lutte contre les discriminations. Le même esprit anime une bonne partie de ceux qui, aujourd'hui, portent témoignage de ce qu'ils sont, ou de ce qu'ils ont vécu.

La parole, du reste, n'est pas tout. Il y a une forme de militantisme dans l'expérimentation par soi-même et dans le vécu. On devient militante de #MeToo quand on témoigne soi-même du harcèlement qu'on a vécu. On devient militant végan quand on devient végan soi-même et qu'on commence à en parler sur Internet – on en parle le plus souvent par argumentaire, on s'expose à des controverses. Beaucoup de jeunes développent cette modalité du militantisme en ligne qui passe par l'expérimentation par soi-même. Une personne change, et elle communique ce changement au monde.

On pourrait leur objecter que ce n'est pas très fécond d'un point de vue politique, mais ce sont en général des jeunes désenchantés de la politique à l'ancienne. Ils sont reliés les uns aux autres, mais fondamentalement ils expérimentent par leur propre vécu, voire leur propre corps. Leur rapport au corps est très intéressant. Il y a eu des évolutions de ce point de vue là, sur la lutte contre la handiphobie, contre la LGBTphobie, contre le harcèlement.

Une des forces de cette modalité d'engagement par soi-même, c'est qu'on ne peut pas être mis en défaut quand on parle de soi et de son ressenti. Ce n'est pas possible. On ne peut pas leur dire simplement : Vous avez tort. Quand on parle de soi, on ne peut pas avoir foncièrement tort. Chacun est expert de sa propre réalité.

Enfin, cette requalification du témoignage cache une cause profonde du mal du siècle : l'individualisme et la solitude dans laquelle nous a plongés la modernité néolibérale. Le corps social s'est désagrégé au profit d'associations de consommateurs. Le travailleur ubérisé est seul face à son désarroi, là où le jeune ouvrier était pris en charge par les syndicats en entrant à l'usine à 16 ans il y a encore cinquante ans de cela. Nous crevons de solitude. Et témoigner en notre nom nous permet de créer des communautés d'expérience, de partager la chaleur de l'entraide, d'avoir la certitude d'être compris dans notre singularité par celles et ceux qui se reconnaissent dans nos mots. Cette tendance ne doit donc surtout pas être moquée ou dévalorisée : elle est une réaction de survie d'une société d'individus laissés à eux-mêmes, qui veulent à tout prix partager. Elle est notre défense collective face au grand péril de notre santé mentale défaillante.

Pour toutes ces raisons, il faut prendre très au sérieux cette vocation des jeunes qui deviennent des militants de ce qu'ils sont eux-mêmes. Ils affirment eux-mêmes la portée politique de leur témoignage. Ils investissent l'espace public. Ils font le trajet de l'intime vers le politique – et en cela nous précèdent dans la société de demain. Dans le monde d'avant, dans l'ancien régime de la parole, on ne les aurait pas entendus. Et, d'ailleurs, il y a beaucoup de gens qu'on n'aurait pas entendus.

Cap sur le collectif !

On l'a dit, l'expression de soi fabrique du lien. Quand le témoignage fait surgir d'autres paroles, un collectif émerge : des communautés, des groupes d'entraide, des réseaux plus ou moins formels de personnes partageant la même sensibilité très vive à un sujet, les mêmes indignations, des collectifs militants. On bascule dans le politique.

Ce qui relie ces différentes luttes, et au-delà tous ces témoignages et ces prises de paroles, c'est de sortir de l'invisibilité. C'est ce qui connecte les initiatives isolées et un certain nombre d'ONG activistes qui ont fait de cet enjeu le cœur de leur action. L'association L214, ainsi, fait de l'agit-prop 2.0 en diffusant sur Internet des vidéos révélant les conditions infligées aux bêtes dans les abattoirs. C'est une petite association, et elle n'est pas seule à agir sur cette question, mais elle a réussi par ses méthodes à ringardiser les plus anciennes en faisant phénoménalement avancer la cause en quelques années.

À l'hiver 2006-2007, Les Enfants de Don Quichotte avaient eu une idée géniale : distribuer des tentes aux SDF, ce qui permettait de les abriter mais surtout de leur donner une visibilité nouvelle dans l'espace public. Un mec qui dort dans un coin, tu ne le vois pas. Une tente, si. Les collectifs qui émergent aujourd'hui sont dans la même logique : faire surgir un sujet dans l'espace public, obliger les gens à le voir, mettre en évidence un problème qu'on pouvait auparavant ignorer. Cela se joue en ligne, bien sûr, avec les dynamiques de viralité et de résonance médiatique propres au numérique, mais aussi dans les rues : j'évoquais il y a quelques pages les collages féministes ; de nombreuses jeunes femmes militantes participent à ces opérations, qui ont pour but de rendre visibles les féminicides, d'installer une fois pour toutes le sujet dans le débat public, et incidemment d'en faire un sujet de politiques publiques. Là encore, les féminicides sont discrets, on ne les voit pas. On peut les ignorer, y voir des aberrations, des faits isolés. Leur médiatisation par les militantes a obligé l'ensemble de la société à saisir que c'était un fait statistique et, en donnant des noms, des âges et des visages à ses victimes, elle nous a permis collectivement de nous représenter ces dernières.

Ce qui m'impressionne le plus, c'est à quel point ces nouveaux modes d'action sont performants politiquement. Ce n'est pas exactement le type de transformation qu'on attendrait avec des réunions, des représentants, des décisions ; mais les effets sont spectaculaires. Ici encore, #MeToo est un excellent exemple, car le monde ne redeviendra jamais comme avant. C'est peut-être l'élément le plus important, ce glissement tectonique des sensibilités collectives, car il atteste la portée politique et l'efficacité de ces prises de paroles. À la fois pour les personnes concernées, qui sortent du silence ou au moins de l'isolement et de la honte, pour le public en général, qui prend conscience des enjeux et exige de savoir ce qu'il se passe, et pour les agresseurs, qui sentent le vent tourner.

Entendons-nous bien, les gros, gros pervers ne vont pas disparaître. Mais les petits ! Les petits pervers, les mecs un peu limite qui pourraient se comporter correctement et qui ne le font pas : dans un contexte bordé par ces paroles-là, ils changent de comportement, tout simplement. Ils ne se croient plus tout permis. Ils se surveillent. Certains même se mettent à réfléchir !

Il faut encourager sans relâche les militantes et les militants : ne lâchez pas ! Vos paroles comptent parce qu'à leur suite, d'autres paroles surgissent, et que toutes ensemble ont un réel impact. Vous changez le monde. Si une femme battue va parler à un gendarme ou à sa voisine, si un gamin harcelé parle à un prof ou à ses parents, c'est grâce à vous.

Le mouvement des Gilets jaunes – porté par ce symbole du gilet jaune en lui-même, formidable exemple de visibilisation des invisibles ! – a commencé lui aussi par des témoignages sur l'augmentation du prix à la pompe. C'était l'expérience de chacun, mais en étant partagée sur les réseaux, elle est devenue une expérience commune, forte, structurante, qui a permis à des gens de se reconnaître, de se rencontrer, de s'associer, de poser des revendications, de faire surgir et connecter des problématiques majeures : les territoires oubliés, les métiers sans horizons, les fins de mois, l'impression – tiens ! – de ne jamais être entendus, d'être tenus pour rien dans les décisions. Et voilà comment on passe du ras-le-bol de l'augmentation du prix à la pompe à la défense du référendum d'initiative citoyenne par des centaines de milliers de Françaises et de Français. Cela a été une expérimentation politique absolument fascinante. Comment des individus au quotidien très différent se sont découvert des problématiques communes. Comment des gens qui, à l'origine, étaient plutôt éloignés de la politique, se sont retrouvés à manifester dans les rues en faveur de la mise en place d'une évolution institutionnelle. On n'avait pas vécu ça depuis longtemps !

Une des limites de ces mobilisations, c'est qu'elles peinent à se pérenniser. Et – nous y reviendrons dans le prochain chapitre – certains jeunes militants se découragent. Mais ils changent le monde. À bas bruit, à petits pas, ce n'est pas spectaculaire, ce n'est pas forcément le grand soir, mais c'est un monde qui est en train de bouger et ce sont les jeunes qui sont en train de réussir cette transformation.

Les institutions finissent par entendre. Sur la cause animale, par exemple, un thème émergent et porté notamment au sein de la jeunesse, on est passé d'une ignorance institutionnelle et collective à une forme de sensibilité qui a des effets concrets. Aujourd'hui, on ferme des abattoirs pour maltraitance, et la consommation de viande (merci les jeunes, qui sont près de

20 % à suivre un régime sans viande en 2022 – contre 4 % des boomers !) commence à baisser (même si la France reste un des pays européens les plus consommateurs de viande par habitant, hein)[1], c'est quelque chose qu'on n'aurait pas vu il y a vingt ans.

Une autre manière de mesurer cette réussite, c'est de considérer les réactions. Quand on voit les conservateurs – en première ligne les médias du groupe Bolloré – se rouler par terre sur l'écriture inclusive, est-ce que ça ne veut pas dire que les jeunes ont remporté une victoire ? Oui, l'écriture inclusive est entrée dans les mœurs, plein de jeunes l'utilisent tout le temps, ils n'y voient absolument aucun problème. Ça énerve les conservateurs et les réactionnaires, et on s'en fout bien.

Pareil sur le mouvement #MeToo : « On ne peut plus rien dire, on ne peut plus rien faire. » Mais messieurs, c'est une *très bonne nouvelle* que vous ne puissiez plus violer des femmes ou leur coller des mains au cul. Là encore c'est une victoire. Il ne faut pas se laisser piéger par ce miroir déformant : quand le camp d'en face s'énerve, on a l'impression d'être victime d'une attaque, alors qu'en fait, s'il s'énerve c'est qu'il sait qu'il a perdu. Le vieux monde enrage et revient en force. Il n'a pas dit son dernier mot, d'ailleurs, et on aurait tort d'ignorer la violence du *backlash* en cours ; il ne faut rien lâcher !

---

1. https://fr.statista.com/themes/10217/le-marche-de-la-viande-en-france/#topFacts

Les questions qui appellent des réponses

Ce nouveau régime de la parole produit des effets extrêmement puissants. Le premier est qu'en se faisant interpellation, ces prises de parole appellent une réponse, et elles l'appellent avec tant de force que très souvent elles finissent par l'obtenir. Seulement cette réponse est-elle à la hauteur des enjeux ? Sur certains sujets portés par les jeunes militants, comme le climat, les féminicides ou le conflit au Moyen-Orient, passé l'emballement des premiers mois, force est de constater que les choses peinent à bouger. Tant et si bien qu'il est possible de se décourager, de se dire qu'on n'y arrivera pas.

Il faut prendre la mesure de ces découragements, mais ne pas s'y arrêter. Au contraire : les politiques ont une responsabilité particulière face à la haute exigence de la jeunesse. Et cette exigence dessine en creux un nouvel idéal de la légitimité et de l'exemplarité politiques.

La force de l'interpellation

La clameur publique, la puissance des foules ont retrouvé une vigueur qu'elles avaient perdue en se rationalisant dans les manifestations, avec leurs rangs au carré et leur service d'ordre. La manif reste un moment fort de la mobilisation politique, mais par certains côtés la viralité l'a dépassée. Et sur certains thèmes, la mobilisation trouve ses formes les plus efficaces dans la circulation de la parole en continu. Qu'est-ce qu'une manif féministe face à la puissance de #MeToo ?

À côté de la clameur publique sur les réseaux, une parole individuelle peut avoir une extraordinaire force d'interpellation. Je pense au fameux *how dare you* de Greta Thunberg et, au-delà, à toutes les nouvelles figures de l'activisme : en France, je pense notamment à Camille Étienne, qui vient de faire un documentaire sur les polluants éternels, focalisant l'attention du grand public sur une pollution peu médiatisée jusque-là.

Le nouveau régime de la parole peut ainsi court-circuiter l'ancien monde. Il y a quelques années encore, une question comme celle-ci aurait été traitée en commission, dans des discussions feutrées entre quelques députés, des industriels et des membres de la FNSEA. Ces discussions, notons-le bien, ont du sens, ce sont des acteurs qui doivent pouvoir s'exprimer, et qui ont des arguments à faire valoir. Mais la nouveauté, c'est que ces nouvelles formes d'activisme ultra ciblé les obligent à le faire sous le regard du public, et que ce dernier donne de la voix à l'instant *t : Voici un problème ; nous vous écoutons, dites-nous ce que vous faites pour y répondre.*

Les entreprises, les États sont mis en demeure de répondre, et de répondre avec sincérité. Ils sont mis en demeure d'agir – je citais plus haut la Suisse condamnée pour *inaction climatique*. L'État français lui aussi a été condamné. Si une entreprise, dans une discussion au plus haut niveau, est obligée de parler du climat, alors c'est une victoire. Elle en parlera mal, elle retournera les faits, mais peu importe, elle en parlera, et au bout d'un moment, elle sera obligée d'en parler correctement.

Le *greenwashing* ne marche pas éternellement, les activistes ne relâchent ni leur attention, ni leur pression. Et il y a toujours le risque de voir sortir des documents : les Anonymous et autres hackers, les différents « leaks » qui ont animé l'espace public mondial ces dernières années, sont une forte incitation à dire la vérité. Parce que si vous la cachez, quelqu'un la dira à votre place et vous serez confondu.

C'est pourquoi une des formes les plus puissantes de cette prise de parole, c'est le droit d'alerte. Ici, la parole devient vraiment performative, parce qu'elle arrive sur le terrain juridique. Le droit d'alerte est en train de s'installer dans la législation, et la parole du lanceur d'alerte se voit reconnaître un statut particulier : elle est protégée, et elle va avoir des suites : elle peut engager une information judiciaire, ouvrir sur la saisine d'un procureur.

Interpellation, alerte, témoignage : ces prises de parole *obligent*. Elles contraignent des institutions, des entreprises, des responsables politiques à prendre position. À s'engager, dans un sens ou dans l'autre, mais sous l'œil d'un public qui ne leur passera rien.

Car quand une institution, une entreprise ou une personnalité politique assume de rester sourde à ces interpellations, elle le paie cash. Les jeunes sont profondément choqués quand, en plein scandale sur les abus dans le cinéma, ils entendent le président de la République féliciter Gérard Depardieu, qui serait *l'honneur de la France*. Pour l'écrasante majorité des jeunes, c'est impensable. Les pratiques de Depardieu sont exactement celles du vieux monde, celles qui ne passent plus, celles dont ils se demandent comment elles ont pu exister. Et qu'un président d'*aujourd'hui* ignore à ce point ce scandale, ça les hallucine ! Et ils ne sont pas prêts à l'accepter. Les hommes politiques à l'ancienne qui se font dénoncer pour des faits de harcèlement ou d'abus sexuels commencent eux aussi à sentir le vent tourner. Ces comportements ne passent plus, c'est aussi simple que ça.

Le burn out *militant*

Mais cette exigence a son revers. Les jeunes en général, et plus particulièrement ceux qui s'engagent en faveur d'une cause, peuvent avoir une si haute idée des enjeux défendus qu'ils finissent par s'épuiser dans la lutte.

La réalité est bien qu'ils changent le monde, ne serait-ce que par la sensibilisation, par l'émergence d'une conscience collective sur des sujets qui étaient hors champ. Et on avance, sur les violences faites aux femmes par exemple : il y a une prise en considération de la parole des femmes et de ce dont elles sont victimes, des dispositifs se mettent en place sur l'écoute de la parole des victimes dans les commissariats, les policiers sont formés. C'est balbutiant, ça prend du temps, ce n'est peut-être pas suffisamment ambitieux, pas suffisamment financé, mais ça commence. Pour moi, c'est énorme.

Mais pour elles ? Au regard de ce qu'elles aimeraient transformer, de l'indignation profonde qui les anime, ces succès sont toujours en défaut. Quand on s'attaque à la question des féminicides, on peut avoir l'impression que rien n'avance. Que le sujet nous échappe, que tout se joue dans le silence d'une chambre conjugale, loin des regards, et qu'au fond on n'y arrivera jamais. Du reste, que pourrait signifier « y arriver », quand c'est de vie et de mort qu'il s'agit ? Diminuer le nombre de féminicides, est-ce que c'est un objectif à la hauteur des enjeux ? Y a-t-il une mesure du succès ?

Dans le passé, quand on s'investissait dans un parti politique, on avait toujours la possibilité d'obtenir des victoires électorales ou au moins des victoires symboliques, la mise en place de dispositifs, d'infrastructures. Il y avait des victoires. Les militants classiques avaient des objectifs précis, concrets. Aujourd'hui, quand tu es militante féministe, dans un pays où les femmes sont violées quotidiennement, où est la victoire ? Quand tu es militant pour le climat, que le gouvernement annonce une baisse des émissions record en France et qu'en parallèle on sait que les + 1,5 °C des Accords de Paris seront atteints dans les dix années à venir, où est la victoire ? Rien n'est satisfaisant sur certaines causes, tant la gravité et l'urgence sont fortes. Les militants qui portent ces causes font face à un mur de non-réalisation de leurs idéaux.

C'est l'une des raisons pour lesquelles on observe aujourd'hui une montée préoccupante des *burn out* militants[1]. La nature particulière de ces causes (climat, féminicides) sur lesquelles on a peu de prise n'est qu'une partie de l'histoire. Ce que disent les deux papiers que je viens de citer en note de bas de page (comment ?? Vous ne lisez pas les notes ?), c'est que si ces militants sont en plein *burn out*, c'est qu'ils s'en prennent plein la gueule. Qu'ils se font insulter sur les réseaux, dans la rue ; et que la réponse des

1. Sur ce sujet à prendre très au sérieux, voir notamment le bon papier d'Alexia Eychenne, avec beaucoup de témoignages, « Burn-out militant, l'usure de l'engagement », *Socialter*, 13 octobre 2020 (c'est en ligne et sans paywall, profitez-en !). Ou ce résumé des travaux académiques sur le sujet, à destination d'un public militant : Simon Cottin-Marx, « Le burn-out militant. Réflexions pour ne pas être consumé par le feu militant », *Mouvements*, n° 113, 2023/1.

institutions, quand celles-ci sont impliquées, prend un temps infini.

Ici, il y a quelque chose d'essentiel, et qui sera de plus en plus présent dans la suite de ce livre : la question cruciale, c'est la réponse apportée à ces énergies militantes. Cette question nous est posée à tous, mais elle l'est plus particulièrement aux politiques, aux représentants, aux dirigeants. Nous avons une responsabilité collective de ne pas les laisser tomber. De ne pas les ignorer, même et surtout quand ils en rajoutent dans la provoc. De leur dire, comme aux victimes d'abus : on vous entend !

Il faut partir de leur exigence, pas de notre inertie. Et cela demande de lever un certain nombre de malentendus.

La why generation *éternelle*

C'est tellement facile de tomber dans les stéréotypes ! Moi, je mène une campagne contre les notions de génération Y, de génération Z. Pour l'essentiel, ce sont des conneries, venues des États-Unis et propagées par des éditocrates en matière de développement personnel et de ressources humaines. Aucun chercheur sérieux n'a jamais validé cette idée stupide de blocs générationnels qui seraient ceci ou cela (la jeunesse est PLURIELLE on vous dit !), et un ou deux universitaires ont même pris la peine de dézinguer ces appellations[1]. De fait : si on réfléchit deux secondes, ça revient à accorder des caractéristiques de comportement à des

1. Par exemple, François Pichault et Mathieu Pleyers, « Pour en finir avec la génération Y… enquête sur une représentation managériale », *Annales des Mines – Gérer et comprendre*, n° 108, 2012/2.

gens sur la seule base de leur date de naissance. Moi, j'appelle ça de l'astrologie !

Eh bien figurez-vous qu'un fait empirique est à l'origine de tout ça, mais qu'on en a complètement perdu de vue la signification en traduisant bêtement la prose des Américains : à l'origine, un gars s'était fait la réflexion, à la fin des années 1990, que ses jeunes collègues demandaient toujours « pourquoi » ci, « pourquoi » ça – et dans sa bouche, ça n'avait rien de négatif, c'était plutôt une remarque positive. Pourquoi, en anglais : *Why ?* C'est aussi comme ça qu'on prononce la lettre Y en anglais. La génération Y, c'est en réalité la *why generation.*

Et ça, on y est toujours. La génération Y n'existe pas : c'est ceux qui sont nés dans les années 1980, c'est moi, c'est celles qui sont nées en 2000 – et c'est un peu tout le monde parce que c'est l'esprit de toutes les générations qui arrivent. Les soixante-huitards étaient une *why generation*, ceux qui ont 20 ans aujourd'hui en sont une. Les jeunes posent, se posent, tout simplement plus de questions que les autres – forcément, ils arrivent, ils s'étonnent, ils s'indignent ! C'est précisément pour ça que leurs colères ont de la valeur, et qu'il est capital d'entendre ce qu'ils disent. Ils ont sur le monde un rapport d'étonnement permanent !

Ce que les moins-jeunes et les plus-vieux ne voient plus, eux ils le voient. Nous, on « comprend », c'est-à-dire qu'on oublie de réfléchir, qu'on ne se pose plus la question, notre indignation s'est émoussée, ou elle porte sur d'autres choses ; ce qui les révolte, on ne l'avait même pas vu. Eux, ils ne *comprennent* pas. Les jeunes, c'est Antigone dans la pièce d'Anouilh : « Moi, je ne veux pas comprendre. Je comprendrai quand je serai vieille. »

Or, cette radicalité a une valeur extraordinaire pour les sociétés. C'est la marque des démocraties que d'être capable d'internaliser les critiques qu'on leur porte, de les intégrer pour se corriger, pour se régénérer. C'est ce qui fait leur force face aux dictatures, c'est ce qui leur permet de gagner à la fin. Mais pour ce faire, encore faut-il qu'elles se donnent les moyens d'écouter la critique ! D'y prêter l'oreille, et non pas de la disqualifier !

Il se trouve que les générations qui arrivent aujourd'hui ont une exigence particulièrement vive. Elles s'emparent de sujets renversants, sur le genre, sur notre rapport au vivant, sur les fondements des sociétés. Et les jeunes qui s'engagent dans une démarche militante intègrent complètement ces dimensions.

Et cette radicalité les conduit à être plus exigeants avec eux-mêmes : ce qui peut être fait à l'échelle de chacun, de son expérience personnelle, prend une valeur politique inédite (« je deviens vegan », « je deviens militante féministe ») ; et l'erreur est de voir là-dedans une focalisation égotiste sur les petits combats du quotidien, loin des grandes causes : c'est tout l'inverse ! L'intime prend pour la première fois part à la politique de manière prégnante. Certains jeunes ont une très forte acuité aux problématiques globales. Je suis même surpris de les voir s'intéresser d'aussi près aux enjeux climatiques, aux enjeux de colonisation et de néocolonialisme, à la guerre à Gaza ou à celle en Ukraine, aux inégalités.

Les jeunes qui s'intéressent à la politique sont parfaitement conscients du caractère planétaire, international et interconnecté des problématiques auxquelles ils font face. Ils ne séparent pas leurs luttes individuelles des grandes luttes collectives et sociétales. Prenons l'inscription de l'IVG dans la Constitution, qui a été soutenue par les féministes et par beaucoup de jeunes : ces derniers avaient parfaitement conscience que c'était d'abord un message à l'adresse de l'opinion internationale à la suite de la décision de la Cour suprême américaine.

Une exigence nouvelle vis-à-vis des politiques

Engagés ou pas, les jeunes, dans leur immense diversité, sont porteurs d'une certaine exigence. Ils ne se laissent pas aller et ne se laissent pas glisser dans la modernité avec insouciance, en se disant que tout est facile et que tout leur est dû, etc. De tous les échanges que je peux avoir avec eux, je constate l'inverse, y compris chez ceux qui sont le plus « dépolitisés » en apparence. Ils font preuve, en réalité, de beaucoup plus d'exigences vis-à-vis du monde, là où des vieux, par expérience peut-être, vont être un peu plus coulants. Ces jeunes-là sont affolés par l'état du monde et leur quotidien en but avec les aberrations du système socio-économique les condamne à une défiance radicale envers l'avenir, chose inédite pour une génération entière.

La politique leur paraît trop souvent incapable de se hisser à la hauteur des enjeux qui suscitent chez eux un sentiment d'urgence, et c'est vrai de sujets aussi différents que la crise climatique ou le drame gazaoui par exemple. Dans les deux cas, ils en veulent terriblement à la politique à l'ancienne, avec ses arrangements à la petite semaine qui ont laissé pourrir des situations pendant des décennies jusqu'à ce que l'urgence oblige à se réveiller parce que des vies, beaucoup de vies, sont en jeu. C'est au regard de cette urgence et de ces enjeux qu'ils jaugent la politique. D'où leur légitime déception : la politique de leurs aînés est tellement désolante ! Ils appellent fondamentalement la politique à faire mieux. À prendre les sujets au sérieux. Ils rejettent la version *dégradée* de la politique qu'ils ont sous les yeux, une politique vue comme inefficace, incapable de produire des solutions. Il faut mesurer la puissance de cet appel à faire les choses autrement.

C'est la même exigence qui fait naître, chez un certain nombre d'entre eux, la tentation de sortir du jeu. De l'islam rigoriste aux néoruraux, nous vivons un moment hanté par des aspirations utopiques à se projeter vers un ailleurs, ou vers un autre temps, à abandonner à lui-même un monde décevant. Autre tentation, devant la lourdeur du monde, la pesanteur des réalités sociales et économiques, celle du grand soir : tout faire péter !

Certains se moquent de ces versions simplifiées du monde, avec un méchant (le grand capital, l'immigration, l'Occident) et la promesse d'un paradis. Mais c'est une mauvaise façon de voir le problème. Le problème n'est pas que les jeunes soient ou non irréalistes. Le problème est que le monde tel qu'il va est tellement désespérant et la politique actuelle tellement inapte à le redresser que ce cocktail conduit quantité de jeunes à tourner le dos à la réalité, de manière plus ou moins violente et définitive. C'est que la politique telle qu'elle se présente aujourd'hui est très éloignée de leurs aspirations, qu'elle est loin de répondre à leurs exigences, et qu'elle tarde à se connecter au monde qui vient.

Cette déconnexion de la politique, cette incapacité à répondre aux crises multiples qui bousculent le monde, inquiète énormément. Les politiques, même les plus jeunes comme Attal et Bardella, habitent un monde qui se recroqueville sur de vieilles représentations. Et qui a beaucoup de mal à entendre le message. Il bouge au coup par coup, quand les militants arrivent à faire monter un thème, à pousser un sujet. Mais dans l'ensemble, c'est surtout son inertie qui frappe. Ce vieux monde ne se rend pas compte que les règles sont en train de changer, que le monde d'après ne peut pas ressembler au monde d'avant en pire. Que les attentes qui s'expriment à l'égard de la politique exigent d'elle qu'elle se mette, sérieusement, au niveau.

Une légitimité à réinventer

Il faut réaliser à quel point le nouveau régime de la parole fait bouger les règles de la légitimité politique. Dans le monde d'avant, celle-ci reposait exclusivement sur la représentation, et c'est pourquoi au fil du temps l'élection a pris une place si importante. Dans le monde qui vient, de nouvelles légitimités surgissent, validées directement par le public, qui valorise des qualités différentes.

L'idée d'une compétence particulière des politiques, par exemple, a perdu en consistance. Il y a cent ans, le philosophe Alain voyait la politique comme une délégation de pouvoir des non-compétents aux compétents[1]. Ça, c'était vraiment le monde d'hier. *Spoiler* : dans une société éduquée, les politiques ne sont pas spécialement plus compétents que les autres, et ils auraient tort d'essayer de se la raconter, non seulement parce que plus personne n'y croit[2], mais surtout parce que ce n'est pas ce qu'on attend d'eux. Les qualités appréciées par les jeunes, les attentes du monde qui vient, ce sont celles que j'évoquais au début de ce chapitre : l'authenticité, la sincérité, la transparence. Et un minimum d'exemplarité ! Ce n'est plus possible d'avoir autant de ministres empêtrés dans des affaires judiciaires, ou un ancien président qui enquille les procès.

Ce serait quoi, un politique en phase avec ces attentes ? Pas forcément un jeune. Les jeunes ne font pas de jeunisme : ils aiment bien les vieux ! Si on

---

1. Jetez un coup d'œil, si ça vous tente, à ses *Propos sur les pouvoirs* (disponible chez Folio). Certains passages ont mal vieilli, d'autres sont beaucoup plus frais.

2. « Que ce soit à gauche, à droite ou au centre, aucun responsable politique n'est majoritairement jugé compétent » (Enquête Viavoice / *Le Journal*, 24 mai 2024)

regarde bien les affinités des jeunes avec des mouvements politiques, ou avec des personnalités qui s'engagent dans l'arène publique, on s'aperçoit qu'ils adorent les vieux sages. Un des leaderships qu'ils reconnaissent, c'est la figure du vieux sage qui en a vu d'autres et qui vient témoigner. Des exemples ? Jean-Marc Jancovici : ingénieur quasi retraité, pas jeune pour un sou : il fait des conférences qui cartonnent. Pierre Rabhi, Stéphane Hessel, Étienne Klein. Ou Jean-Luc Mélenchon : un vieux prof d'histoire-géo, qui fait des vidéos sur YouTube pour t'expliquer la gauche – beaucoup de jeunes adorent les personnes âgées qui, du haut de leur sagesse avec leur barbe blanche, disent des choses différentes, des choses qui ouvrent des horizons.

Ces vieux sages, souvent, cultivent eux-mêmes une sorte de distance par rapport au politique ou, pour les politiques, à la réalité du pouvoir : ils se situent davantage dans la sphère des idées, d'une certaine pureté des convictions. Cette exigence de pureté, on la retrouve chez énormément de jeunes dans leur rapport au politique. Ils témoignent, ici encore, d'une ultra-exigence. Ils veulent une politique qui soit mature, intelligente, qui élève l'esprit, aille haut. Il faut saluer cette exigence.

Mais elle marque aussi une des limites de l'expérience politique des jeunes. Comment combiner cette attirance pour la pureté et la nécessité de s'organiser ? Comment installer une action dans la durée, sans se désespérer ? Le refus des combinaisons et cette attirance pour la virginité politique pose la question de la capacité à entrer dans ce qui fait le dur de la politique : la stratégie, les conflits, les alliances. À s'approcher d'institutions démocratiques, des partis au Parlement, dont le principe est justement de passer des compromis pour pouvoir constituer des majorités.

Le délicat passage au politique

Indignez-vous ! clamait Stéphane Hessel il y a quinze ans[1]. On peut dire qu'il a été entendu, et pas seulement avec le mouvement des *Indignados* de la Puerta del Sol, à Madrid en 2011, qui s'inspirait directement de son slogan. L'indignation est au cœur des émotions politiques de notre époque, et les jeunes sont souvent en première ligne pour l'exprimer et la relayer.

L'indignation se répand comme une étincelle sur une traînée de poudre, elle circule à toute vitesse sur les réseaux, à l'image des terribles photos des populations civiles de Gaza. Elle est sincère, immédiate. Elle est branchée sur l'émotion, mais aussi sur cette exigence morale qui est centrale pour une grande partie des jeunes.

Cette indignation est le point de passage entre l'individuel et le collectif. Mais si elle peut déboucher sur une mobilisation, très vite des questions apparaissent. Comment fait-on ? À qui s'adresse-t-on ? Comment obtenir des résultats ? Et *quels résultats ?*

La grande question, au fond, c'est le passage au politique. Et il y a deux façons de la considérer. La première, qu'on ne peut pas esquiver, ce sont les limites, les angles morts de la mobilisation politique des jeunes. Et la seconde, c'est la capacité des formes

1. Stéphane Hessel, *Indignez-vous !*, Paris, Indigène, 2010.

politiques instituées à accueillir ces nouvelles mobilisations.

Du conflit en démocratie

La démocratie, c'est l'acceptation du conflit. Son principe de fonctionnement est l'identification du *dissensus*. Dans une société démocratique, on assume des désaccords. Mieux : on part de ces désaccords, on les formule au mieux puis on discute pour dégager un compromis qui limite autant que possible les dégâts potentiellement causés par la décision qu'on s'apprête à prendre.

On sait que cette décision ne sera pas parfaite, et elle fera peut-être des perdants. On pourra parfois – pas toujours – compenser ce qu'ils ont perdu. Mais ce qui est capital, c'est que leur point de vue ait pu s'exprimer, que leurs intérêts aient été représentés. Dans cette séquence où les points de vue s'expriment, on discute, on argumente ; mais on peut aussi se disputer. Le désaccord, c'est rugueux, on s'engueule. Mais si tout se passe correctement, une fois qu'on a pris la décision – une fois qu'on a voté une loi, tout le monde l'accepte et on reste en paix. Il y a donc un double mouvement : accepter le conflit, et savoir en sortir.

Or, j'observe ici chez de nombreux jeunes une première difficulté. Dans les mécanismes de rejet de la politique et de refus d'y participer, il y a la critique d'un monde en perpétuel conflit.

Que disent les jeunes qui expriment leur rejet de la politique à la papa ? Ils ne lui reprochent pas seulement d'être corrompue et de ne pas s'élever à la hauteur des enjeux. Très souvent, ils reprochent aux politiques de passer leur temps à s'engueuler. C'est même la remarque la plus fréquente quand je streame pendant les débats à l'Assemblée nationale. Mais si on écoute bien, ils disent deux choses. Ils sont choqués de voir les députés crier et se disputer. Mais surtout ils voient ça comme un théâtre. Un théâtre avec des acteurs qui font semblant de se chamailler, alors qu'en réalité, ils sont d'accord sur presque tout.

Je constate chez beaucoup de jeunes un refus de mettre le doigt dans une sphère de conflictualité dont ils ne reconnaissent pas la sincérité. La politique serait dès lors un monde de faux-semblants où on fait mine d'être en désaccord pour au final être tous d'accord et mener les mêmes politiques.

J'entends le malaise, sauf que l'Assemblée nationale, ce n'est pas du théâtre, c'est de la téléréalité. Quand les députés crient, quand ils font du tumulte dans l'hémicycle, c'est parce que ça vient du fond de leurs tripes. Et c'est ce que je répète à mes abonnés, stream après stream : non ce n'est pas du chiqué, les débats à l'Assemblée reflètent les tensions existant dans la société, et cela est très important pour la bonne santé de notre démocratie.

Il y a une noblesse de la conflictualité en politique. S'il n'y avait pas de clivage, ce ne serait pas de la politique, mais des discussions d'intellectuels dans des colloques. Ce qui se manifeste dans l'hémicycle de l'Assemblée nationale, ce sont des clivages profonds sur des grilles de lecture du monde qui s'opposent et qui ne sont pas d'accord. Et ces divergences de points de vue sont violentes parce qu'elles peuvent avoir une incidence très réelle sur la vie des gens !

Je trouve très dangereux, à cet égard, le projet de dépassement du clivage droite-gauche qu'a voulu porter Emmanuel Macron depuis sa première candidature. Qu'est-ce que ça veut dire : que les clivages seraient inutiles ? Qu'il vaudrait mieux ne pas avoir de convictions, se situer exclusivement dans « le camp de la raison » ? Que dans ces conditions il est possible, et souhaitable, de réconcilier tout le monde et de se faire des bisous ?

Côté bisous, on voit le résultat, après sept ans au pouvoir ! Mais ce qui est vraiment dangereux, c'est que le macronisme ne se reconnaît pas comme une opinion. Alors qu'on peut parfaitement soutenir que c'est une radicalité comme une autre. L'historien Pierre Serna[1] a une formule géniale, en référence à une période du début du XIXe siècle, mais qui va comme un gant au macronisme : « l'extrême centrisme ». En quoi est-ce une radicalité ? Parce qu'elle ne reconnaît qu'elle-même comme acceptable. Tous les autres courants de pensée sont dès lors disqualifiés comme extrêmes. Il fallait entendre Bruno Le Maire entre les deux tours des législatives, dénonçant dans le RN une « menace pour la République » et dans LFI « un danger pour la nation » !

Le problème est que le jeu qui se construit autour d'une telle vision a tendance à partir en vrille. Les conflits n'étant pas assumés par la majorité, qui ne reconnaît que la vérité d'un côté (le sien) et l'erreur de l'autre. On a beau jeu, ensuite, d'accuser LFI de « tout conflictualiser ». Oui, évidemment, ils en rajoutent un peu ; mais ils ramènent des conflits là où il faut qu'il y en ait, impérativement. Les politiques ont tout à gagner à assumer leurs conflits, sans les nier ni les surjouer. Encore une fois, la démocratie est en jeu : en n'assumant pas la divergence d'opinions, le macronisme méprise tout ce qui

---

1. Non, je n'ai pas lu ses livres, mais je l'ai entendu dans un podcast de Thomas Legrand que vous pouvez écouter sur le site de Radio France : « L'extrême centrisme », dans la série *Le Centrisme*, 24 février 2024.

n'est pas lui. Et le mépris, ce n'est pas idéal pour la démocratie...

Le rêve d'une société sans conflit

Mais le problème des jeunes avec la conflictualité politique ne s'arrête pas là – ce serait trop simple ! Une partie de la jeunesse a un problème de fond avec l'idée même d'un monde travaillé par des conflits.

Il y a peut-être ici un effet de génération. La jeunesse des années 1960-1970 portait en elle-même l'idée de conflit, avec l'idée d'un conflit entre générations, l'ancien monde contre le nouveau. La jeunesse rêvait aussi parfois de partir élever des chèvres à la campagne. Mais elle assumait l'idée qu'un conflit était nécessaire, souhaitable et même désirable. Et que c'était elle, la jeunesse, qui était le fer de lance de ce conflit par rapport à un étouffoir. Elle se voyait comme une avant-garde. En mai 1968, elle recherchait la jonction avec le prolétariat, vu comme l'acteur principal de la lutte des classes et, au-delà, le moteur de l'histoire.

Aujourd'hui, l'idée d'un monde politique structuré par des conflits est moins présente, et surtout elle est moins bien portée. Le rêve d'une société sans conflit est un marqueur de notre époque, toutes générations confondues. C'est peut-être une des raisons du succès de Macron en 2017 : après tout, il proposait le dépassement du conflit droite-gauche.

On retrouve aussi ça à l'extrême droite. Au moment de l'élection présidentielle de 2022, on demandait à des jeunes votants ce qui les attirait chez Éric Zemmour. Ils répondaient en évoquant la France de Brigitte Bardot, la légèreté des années 1960 où tout semblait plus simple, et où à l'évidence ils n'identifiaient aucune conflictualité, alors que c'étaient en réalité des années très conflictuelles, avec des grèves dures, et la menace d'une guerre civile avec la fin de la guerre d'Algérie. Mais cette France leur paraissait plus calme, plus douce, plus unitaire, et ça leur plaisait. Le vote des jeunes pour le Rassemblement national est fait de cette nostalgie envers un passé fantasmé.

La gauche radicale, celle qui rêve du grand soir, propose elle aussi *in fine* un monde déconflictualisé où on serait tous copains, où tout le monde serait égal. C'était la vision fondatrice du communisme : la lutte de classes n'était qu'un moyen de parvenir à cette société enfin pacifiée. En Allemagne, la montée du phénomène de l'Ostalgie illustre ce point : la nostalgie de la RDA.

Les techno-solutionnistes à la Elon Musk développent eux aussi un imaginaire politique déconflictualisé : par la grâce de l'« innovation » (un processus harmonieux qui semble remplacer les cahots de l'histoire), on se projette directement dans un monde futur où la technologie et le progrès scientifique auront résolu tous nos problèmes. On entrevoit même le moment où des IA prendront seules et *rationnellement* (vous le voyez venir, le danger ?) les décisions politiques.

Mais il n'y a pas qu'Elon qui est techno-solutionniste. On retrouve certains ingrédients de cette recette dans le macronisme, avec son goût pour les solutions technocratiques des experts (kikou McKinsey). Et aussi chez certains écolos qui, vous l'aurez peut-être noté vous aussi, ont souvent *déjà* la solution. La politique, ici, consisterait principalement à régler les détails, à mettre en musique des objectifs *obvious*, et autant que possible sans perdre de temps.

Dans un autre genre, j'ai déjà entendu des militants me dire que la démocratie est un obstacle à la réalisation de leurs objectifs. L'idée de délibération est absente de leur modèle et c'est super inquiétant. Pour eux, pas besoin de débat ! Les scientifiques savent déjà ce qu'il faut faire, il suffit de les suivre.

Mais le rôle des scientifiques n'est pas de dire le désirable. Il est de dire le réel et le possible. Le débat autour du souhaitable, du désirable, c'est un débat politique. Et ça, c'est un débat qu'on doit avoir, *nous*. D'ailleurs, ce n'est pas rendre service aux scientifiques que de leur donner le marteau de la loi. Ils ne peuvent pas savoir à la place du peuple ce que le peuple veut – a fortiori quand le futur proche va nécessiter des efforts d'adaptation importants de la part de la population. Il reste beaucoup d'arbitrages, et c'est à la démocratie de prendre la main.

En fin de compte, entre la tentation du gouvernement des experts et les différentes versions du grand soir, beaucoup d'imaginaires politiques ont en commun d'évacuer le conflit. De le sortir du jeu. Cette tendance de défiance envers le conflit, existant dans toute la société, infuse nécessairement aussi parmi les plus jeunes.

Une défiance envers le compromis

En évacuant le conflit, on évacue toute idée de compromis. De ce point de vue, l'idée de pureté peut faire écho à la position dans laquelle se reconnaissent spontanément la plupart des jeunes : les autres sont impurs, les autres se sont salis, alors que moi, je suis authentiquement (au choix entre autres) anticapitaliste/écologiste/patriote.

Ainsi, ces imaginaires politiques n'embraient pas sur la politique au sens démocratique du terme. Ils n'aident pas les jeunes qui s'y projettent à se connecter avec la vraie politique, celle de la démocratie et du dissensus. Ils ouvrent sur du rêve, sur de l'utopie ; ceux qui habitent ces mondes laissent à d'autres les clés du nôtre.

C'est le point aveugle de l'exigence de pureté : on finit par se dessaisir du monde. On lâche l'affaire, pour ne pas se compromettre. La vérité, bien sûr, c'est que tous autant que nous sommes, y compris ceux qui sont *authentiquement* anticapitalistes, écologistes, démocrates, patriotes ou que sais-je, on est pétris de contradictions. L'anticapitaliste pianote comme tout le monde sur son smartphone. L'écolo se fait livrer des pizzas végan en scooter à moteur thermique. Le démocrate n'aime pas toujours avoir des opposants. Et le patriote est bien content d'acheter le dernier iPhone fabriqué en Chine et *designé* aux US.

Il y a probablement des jeunes qui, par éthique, préfèrent se tenir éloignés de la politique, parce que s'y intéresser, c'est reconnaître que moi non plus, je ne suis pas parfait : mes idées ne sont pas parfaites, mes connaissances ne sont pas parfaites, ma perception des choses est subjective, et donc par essence imparfaite. Et si je m'engageais davantage dans la politique, je découvrirais sur moi-même des choses que je n'ai pas forcément envie de voir.

Certains jeunes ont peur d'abîmer leur pureté, peur de se salir. Et de fait, la politique étant l'espace par excellence de la contradiction et du dissensus, les croyances n'en ressortent pas intactes. Certaines se renforcent dans l'épreuve, d'autres s'évanouissent. Entrer en politique, c'est sortir de la tour d'ivoire de ses croyances ; c'est accepter que nos idées puissent être débattues.

Il y a quand même *beaucoup* de jeunes qui ne veulent pas de ça. Ils ne sont pas tout seuls, c'est sans doute une tendance de nos sociétés pleines de bulles cognitives. Mais cela me semble un trait particulièrement marquant chez les jeunes avec lesquels je discute, ceux que je vois interagir sur les réseaux. Oui, beaucoup de jeunes peuvent rejeter l'idée d'avoir un questionnement sur eux-mêmes, sur leur réalité, sur leur monde, parce que ça nourrirait une forme de culpabilité. Ou tout simplement parce que leurs constructions sont fragiles et qu'ils n'ont pas envie de les voir s'écrouler.

Petites et grandes causes

Une autre façon d'éviter les compromis et de préserver ses convictions est de spécialiser son engagement, en lui donnant un objet bien circonscrit. Sur ce phénomène désormais bien identifié, il y a eu beaucoup de débats.

Il y a vingt ou trente ans, de nombreux observateurs s'inquiétaient ainsi de l'éparpillement des causes qui a suivi la chute des grandes idéologies et des associations qui les soutenaient. Jacques Ion, par exemple, évoquait en 1997 le passage d'un engagement « timbre » (au sens de timbre de cotisation) à un engagement « post-it[1] », moins structurant et moins durable – un engagement en mode projet en quelque sorte : on commence, on vise un objectif, on l'atteint, on passe à autre chose. Les jeunes sont plus enclins à soutenir des causes précises, des sujets restreints : la cause animale, le climat, les féminicides, etc. Il y a aussi un désir d'efficacité : ne plus se contenter de grands discours mais assumer de se focaliser sur quelques éléments que l'on estime pouvoir faire bouger. Souvent, cela se fait au bénéfice des ONG ou du

1. Jacques Ion, *La Fin des militants ?*, Paris, Éditions de l'Atelier, 1997.

monde associatif, et on en conclut – déjà ! – à une dépolitisation.

Mais l'éparpillement des causes et la dépolitisation qui en résulte soi-disant sont une vue de l'esprit. De splendides exemples nous ont montré au contraire la capacité de la jeunesse à passer du particulier au général, et le même Jacques Ion a révisé son jugement quinze ans plus tard[1]. Les printemps arabes, par exemple, sont partis du pouvoir d'achat et d'une révolte sociale de la jeunesse, mais ils ont très vite embrayé sur une cause universelle, celle de la démocratie : le respect, l'égalité, avoir la main sur son propre avenir.

De la même façon, quand une majorité de jeunes s'indigne de ce qui se passe à Gaza, elle fait très bien le lien avec des causes plus générales, comme le décolonialisme. Ils n'en restent pas à l'événement ; ils ont une lecture politique d'ensemble. Les féministes ne séparent pas leurs combats spécifiques d'une remise en cause plus large d'un ordre social qu'elles identifient comme le patriarcat, mais qu'elles peuvent aussi et souvent associer étroitement au capitalisme.

On n'observe pas chez les jeunes engagés de décorrélation entre grands et petits enjeux. Un jeune va se sentir plus à même de participer à une petite lutte, à une cause particulière, mais il n'en rejette pas pour autant le fait que cet enjeu s'enchâsse dans d'autres grandes causes qui le dépassent. Il reconnaît ces grandes causes, tout comme il reconnaît les autres causes parallèles à la sienne et trouve naturel de s'y associer. Dans l'« archipel des luttes », il y a ainsi l'espoir d'une « convergence des luttes ».

---

1. Voir Jacques Ion, *S'engager dans une société d'individus*, Paris, Armand Colin, 2012.

Mais celle-ci existe-t-elle au-delà des discours ? Cela n'a rien d'évident. Car l'espace réel de la convergence n'est pas celui de l'unisson, mais de la confrontation et de la possibilité d'une divergence. C'est un espace, pour le coup, pleinement politique, parce qu'il oblige à assumer du dissensus. Or, cet espace-là est très peu investi.

La faute aux jeunes qui s'en détournent ? Ce serait tomber dans la facilité que de leur faire ce reproche, de les accuser de se raconter des histoires de convergence sans être capables de les faire vivre dans la réalité. La vraie question est : où sont les grandes organisations structurantes de ces luttes, où sont les instances qui permettraient d'organiser la confrontation et de dégager des lignes d'action en commun ? Comment se fait le passage au politique ?

Et ici, on a clairement un problème d'offre politique. Quand on pose ces questions, on tombe sur la chute des partis de masse du XXe siècle – ces partis dans lesquels des jeunes des années 1980 pouvaient encore entrer et incorporer leurs combats : ainsi le PS s'ouvrant à l'antiracisme, puis portant les revendications pour le mariage homosexuel. Mais ces organisations se sont vidées de leur substance, les partis sont devenus des partis d'élus et non d'adhérents, les syndicats ne sont pas en meilleur état, et les jeunes n'y voient plus des véhicules pour porter les messages qui comptent à leurs yeux.

Le problème, ici, n'est pas du côté des jeunes. Il est dans l'incapacité des organisations d'hier à leur offrir des espaces leur permettant d'articuler vraiment leurs luttes les unes aux autres, et à les amener au centre du jeu politique, dans les grandes institutions de la République.

Si le principe de la démocratie était de reconnaître le dissensus, le rôle des partis, en démocratie, est précisément d'articuler ce dissensus, à la fois en leur sein – c'est ce que l'on appelle le débat interne – et entre eux – sous la double forme du débat public, dans les médias, et du débat d'instance, à l'Assemblée nationale, dans les conseils municipaux, départementaux, régionaux…

Or, ces institutions jouent aujourd'hui moins bien ce rôle. À l'arrivée on tourne en rond. L'écrasante majorité des jeunes désertent les partis, et plus largement les formes instituées de la politique, parce que les paroles qui y circulent leur semblent à côté de la plaque, manquent de sincérité, et ne traitent pas les sujets qui les intéressent. Mais si les formes instituées de la politique, et en premier lieu les partis, dépérissent, se racornissent, c'est qu'elles n'ont pas su se revivifier en accueillant la parole des jeunes.

La politique tient les jeunes à distance, les jeunes refusent de participer à la politique. Tout cela affaiblit dangereusement notre capacité collective à formuler le dissensus. C'est un enjeu essentiel, pour notre avenir à tous, que de créer maintenant les conditions d'une reconnexion entre ces deux mondes qui s'ignorent. C'est un enjeu essentiel d'acculturer les jeunes à la politique – de les amener dans un monde structuré par des conflits et capable de les assumer sans se briser – et d'acculturer la politique aux jeunes – d'incorporer au vieux monde le jaillissement vivant des nouvelles façons de dire et des nouvelles façons de faire.

Alors comment fait-on ?

Troisième partie

La balle aux politiques !

L'engagement nécessaire du monde politique

La politique, c'est comme le verbe aimer : ça ne se conjugue pas à l'impératif. On ne peut forcer personne à s'engager. Et on n'obtient rien non plus en essayant de culpabiliser celui ou celle que l'on n'arrive pas à emballer !

Il n'y a rien de plus débile que d'engueuler les jeunes citoyens en leur répétant qu'ils doivent *absolument* aller voter, parce que s'abstenir c'est *mal* et parce que voter est un *devoir*. Non seulement ça n'a jamais marché et ça ne marchera jamais, mais surtout c'est raisonner à l'envers.

La majeure partie des jeunes ne va pas voter ? Partons de là justement. En commençant par arrêter de les culpabiliser et en faisant l'effort d'entendre ce qu'ils nous disent. C'est au monde politique de se bouger.

Faire une place à l'initiative dans l'espace public

Les jeunes n'ont pas déserté la politique. Ils sont là, ils développent leurs propres circuits, leurs échanges, ils agissent. Mais ce qu'on a à leur proposer, désolé, ils n'achètent pas.

Parce qu'on n'est pas au niveau. Et ça, il va nous falloir l'entendre. Et saisir que cette exigence est une chance pour la politique. Cette exigence des jeunes bouscule le vieux monde, et elle a le pouvoir de le régénérer. Elle est vivifiante. Elle oblige.

De nombreux jeunes sont disponibles. Mais ils ne voient pas comment, ni pourquoi ils devraient s'engager dans des organisations, ou parfois simplement dans des conversations, qui passent à ce point à côté des enjeux qui les intéressent.

Ce n'est pas aux jeunes de rentrer dans nos trucs. C'est à nous de bouger. C'est à nous de créer des cadres d'action qui leur permettent d'entrer dans le jeu et de s'y sentir utiles. Il est crucial aujourd'hui d'ouvrir des espaces, d'offrir des débouchés à leurs envies de faire et de dire.

Comment ? C'est toute la question. Une scène m'est restée dans la tête, qui illustre bien ce point. C'était dans le Var, il y a quelques années. À la suite d'un épisode d'inondations particulièrement violent, le maire d'une commune raconte avoir vu arriver huit jeunes à pied dans sa mairie pour lui dire : « Bonjour, on n'habite pas très loin d'ici, on est en vacances, on s'est dit qu'on allait venir pour aider. »

D'un côté, le maire était ravi : « C'était magnifique, c'étaient des jeunes qui n'étaient dans aucune organisation, aucune association. Ils n'étaient pas pompiers volontaires. Ils avaient juste un peu de temps, et ils ont spontanément proposé d'aider. »

Et de l'autre, il était coincé : en tant que maire, il vit et agit dans un monde formalisé, avec des règles, des responsabilités : il ne peut pas mettre des jeunes en danger en les envoyant à pédalo sauver des petites mamies, et il ne va pas non plus les installer dans un bureau devant un classeur Excel pour compter les mamies. En réalité, il y avait certainement des moyens de leur confier quelque chose, de répondre à leur initiative. Mais sur le coup, il n'a pas su quoi proposer. Bref : les jeunes sont repartis bredouille.

Cette scène est un résumé de ce qui se joue très souvent dans la vie publique : d'un côté, un élu plein de bonne volonté mais qui manque d'imagination et qui craint de sortir du cadre (juridique, médico-social, etc.), de l'autre des jeunes qui manifestent une envie de faire (ou de dire) ; et à l'arrivée une rencontre manquée.

Et c'est catastrophique. Parce qu'avec des situations comme celle-ci, on fabrique de la frustration à très grande échelle : des jeunes qui se déclaraient disponibles, qui avaient fait l'effort de se bouger, qui ne reviendront plus. Et un élu qui ne demande que de pouvoir intégrer ces jeunes mais ne veut ou ne peut prendre sur lui de péter le cadre pour permettre cette percée d'une initiative citoyenne dans sa mairie.

On le regrettera d'autant plus que la disponibilité de ces jeunes à l'engagement dans une action collective est bien réelle selon les sociologues. Anne Muxel note ainsi « la disponibilité des jeunes pour un engagement au service de la collectivité[1] », et un rapport de l'Injep en 2020 pointait une hausse du bénévolat ces dernières années : en 2020, deux jeunes sur cinq (40 %, contre 35 % en 2016) donnent de leur temps bénévolement quelques heures chaque semaine, quelques heures par mois ou à des périodes précises de l'année[2].

Faute de répondre à cette disponibilité, de lui offrir un espace pour se déployer, on donne l'impression aux jeunes qui souhaitent prendre part à la vie publique

1. Anne Muxel, *Politiquement jeune*, *op. cit.*, p. 59.

2. Lucie Brice-Mansencal, Manon Coulange, Colette Maes, Jörg Müller, *Baromètre DJEPVA sur la jeunesse 2020*, Injep, Notes & rapports/rapport d'étude, 2020.

que leur capacité d'initiative est condamnée à rester hors-jeu. Exactement comme ils peuvent avoir l'impression que leur parole restera, elle aussi, hors-jeu.

La question de la connexion se pose à tous les niveaux de la vie publique : le débat public et la conversation civique (notamment entre les élus et les citoyens), l'action « au service de la collectivité » (dans divers cadres : associatifs, municipaux, etc.), et l'engagement politique proprement dit, dans toutes ses déclinaisons, de la simple participation électorale à la prise de responsabilités et au mandat.

À tous ces niveaux, la même question se pose : comment connecte-t-on les envies de dire et de faire des générations qui arrivent et celles des générations qui sont aux manettes ? Comment permet-on à ces nouvelles façons de dire et de faire de se déployer dans un espace commun ?

Trois malentendus qui font mal

Premier malentendu : les jeunes ne sont pas attirés par les propositions qui s'adressent à eux. Ni les partis « jeunes », ni les « sections jeunesse » des partis, ni l'idée d'être cantonnés à des sujets spécifiques à la jeunesse ne les convainquent.

Si on pouvait faire du clientélisme jeune, ce serait facile. Mais non, les jeunes aspirent à refaire le monde, pas à discuter de la Carte jeune ! (Même si ce n'est pas insensé *non plus* de leur demander leur avis sur cette dernière, histoire de mieux cerner leurs besoins réels en la matière.)

Deuxième malentendu (attention, gros scoop) : les jeunes ne sont pas débiles. Les élus, les responsables d'institutions, les responsables politiques ont presque tous compris qu'ils avaient du mal à toucher la jeunesse, et qu'elle était sur les réseaux sociaux. Alors qu'est-ce qu'ils font ? Bingo ! Ils embauchent un *community manager*. Et ça, pour le coup, c'est l'exact inverse de ce qu'il faudrait faire. Déjà, c'est très 2007. Ensuite, le *community manager* est au XXIe siècle ce que le *spin doctor* était au XXe. C'est la politique envisagée comme de la com. Et comme les jeunes ne sont pas dupes, là encore ça ne marche jamais. Mais vraiment jamais ! Tout ce qu'ils attendent, c'est de la sincérité, de la personnalité, du vrai. Ils détestent le *fake*. Ou ils s'en moquent.

Ce qui me fait le plus marrer, c'est qu'une fois embauché, le *community manager* ne tarde pas à me contacter. Comme il connaît les codes, il me tutoie direct : « Salut Jean ! On aimerait bien faire une émission avec toi. » Sauf que bien sûr, c'est mort : c'est chiant à mourir leur truc, il n'y a qu'eux pour croire qu'ils vont « toucher les jeunes » !

C'est exactement comme un vieux qui voudrait rentrer dans un lycée et demanderait comment on fait pour faire jeune. Ou comment on fait pour rentrer dans votre groupe de potes. Comment on fait ? Ben, il n'y a pas de recettes, mec. Il n'y a pas de mode d'emploi. C'est un affect, c'est un ensemble.

Troisième malentendu dans les tentatives du vieux monde pour jeter des ponts vers les jeunes : les Civic Tech. Généralement ce sont des jeunes qui les développent – des techno-solutionnistes. À peu près tous les mois, je reçois un mail me présentant une nouvelle application mobile qui a été « développée par des jeunes » et qui va « *solutionner* la démocratie » en offrant la possibilité de voter sur son smartphone ou de dialoguer avec ses députés. Il y en a plein !

J'y ai cru, à un moment, aux Civic Tech, quand j'ai créé Accropolis. J'ai fait partie de Démocratie ouverte, une ONG qui visait – je cite – à « développer la démocratie d'interpellation dans les collectivités locales & à essaimer le *community organizing* ». Et je m'en suis barré quand j'ai compris que même si des choses formidables avaient été développées, ça ne changerait rien. Les initiatives fonctionnent rarement, il s'y passe beaucoup moins de choses au fond que ce qui se fait sur les grandes plateformes, celles où sont déjà pleins de jeunes.

La technologie, c'est un outil pour booster des contenus, mais ça ne se suffit pas à soi-même. C'est exactement le même problème qu'avec le *community manager* : on manque l'essentiel. Quand il se passe quelque chose, en politique, cela se laisse toujours décrire comme une rencontre. Et même les applis de rencontre laissent toujours une place à un vrai *date* ! L'échec des Civic Tech est d'autant plus spectaculaire que c'est précisément dans le monde numérique, mais à partir d'outils standards comme une messagerie WhatsApp, qu'émergent les formes militantes les plus dynamiques aujourd'hui ; et elles trouvent leur essor dans le fait que les messages ne restent pas confinés, mais touchent au contraire un grand nombre de gens. L'inverse d'une appli spécialisée…

Les trois malentendus que je viens d'évoquer ont en commun de nourrir l'illusion d'être capable de créer une rencontre réelle entre la politique et les jeunes. Mais cette rencontre, elle peut arriver, et sans appli s'il vous plaît.

Une nouvelle définition de l'engagement

J'ai déjà parlé de la capacité particulière de LFI à convaincre une partie de la jeunesse, notamment parce que la vie des instances ne consomme guère de temps et d'énergies militantes. C'est, fondamentalement, un parti accueillant pour la jeunesse. Et qui fournit une véritable passerelle vers la politique.

Une des particularités de leurs campagnes, et c'est vrai d'autres mouvements qui touchent la jeunesse, est de faire tomber la distinction entre militant et sympathisant. Le fait de partager des vidéos ou des campagnes de grandes ONG est vu comme un acte militant. Même *liker*. Plus besoin d'une adhésion à la papa avec cotisation et carte de membre. Le spectre est beaucoup plus large, et de ce fait bien plus ouvert : un *like*, un partage, la signature d'une pétition sur Change.org, tout cela redéfinit l'« activisme » qui n'est plus un simple synonyme de « militantisme » mais désigne la simple idée d'une activité qui, intense ou pas, contribue à porter un message.

Or, en mettant son mouvement au diapason de ces nouvelles pratiques, en en faisant une passerelle vers la politique, Jean-Luc Mélenchon a réussi quelque chose que l'on aurait pu croire impossible : transformer des jeunes épris de pureté en vieux briscards, capables de comprendre l'intérêt d'une alliance électorale par exemple.

Son talent, son intuition, cela a été d'aller chercher les jeunes là où ils étaient. De coller à leurs colères. Les positions de LFI sur Gaza correspondent sans aucun doute à des convictions déjà anciennes, mais elles ont aussi cette vertu d'être au diapason de toute une jeunesse, de l'embarquer, en partant de ses indignations. L'inverse exact d'autres formations qui partent de leur savoir un peu ranci, de leurs positions historiques tranchées, de vieux réflexes, qui les empêchent de saisir ce qui se joue vraiment, à la fois dans le monde réel et dans la sensibilité des citoyens qui arrivent.

Ce qui est en jeu, ici, c'est une redéfinition complète de ce qu'est un militant et de ce que signifie s'engager. Vous vous rappelez ce *running gag* des légionnaires romains dans *Astérix* : « Engagez-vous ! qu'ils disaient. Rengagez-vous ! » Dans l'engagement à l'ancienne, le militant est un peu comme ces légionnaires. On lui demande de s'engager, puis de se rengager – notamment à coller des affiches. C'est un bon petit soldat. D'ailleurs, vous saviez que militant, ça vient de *miles*, le soldat en latin[1] ?

Les partis de masse ont longtemps cultivé des organisations bureaucratiques, dont l'un des modèles de référence était l'armée. Fondamentalement, il y avait des chefs et des soldats. Oh, bien sûr, on pouvait discuter. Lénine, qui a donné une des formulations classiques de cette façon d'organiser les mouvements politiques, évoquait la « liberté de discussion » et l'« unité d'action » ; il appelait ça le « centralisme démocratique », et au XXe siècle cela a été l'un des modèles de référence, d'une efficacité remarquable pour organiser et encadrer les « masses ».

On s'en doute, la liberté de discussion ne portait guère à conséquence : les grandes questions étaient tranchées au sommet de l'organisation (ou à Moscou, mais c'est une autre histoire), et les bons petits soldats étaient ensuite invités à suivre la « ligne du parti », sans en dévier. Les staliniens ont d'ailleurs inventé le « déviationnisme », et trouvé d'ingénieux moyens de le dénoncer et de le réprimer. Ils auraient qualifié de « gauchisme » des positions trop radicales.

Mélenchon, qui a une culture politique bien plus développée que la mienne, connaît très bien cette

1. Pour ceux que ça intéresse, vous pouvez lire en ligne un super article de Marie-Thérèse Coenen dans le Maitron, le dictionnaire biographique du mouvement ouvrier : « De la définition du militant et de la militante : un concept aux dimensions plurielles ». (Je ne mets pas l'URL, c'est moche. Google se fera un plaisir de vous le trouver.)

histoire, et il en connaît aussi les limites. Cela a été sa réussite politique que d'en inverser les termes, et de constituer, à partir de rien, un mouvement puissant en allant d'abord chercher « les gens », comme il dit, où ils étaient. En faisant levier de leurs convictions, de l'énergie de leur indignation. Bien sûr, l'agenda du parti porte la marque de cette stratégie. Et plutôt que de dénoncer l'irréalisme de certaines propositions ou leur radicalité, il faut saluer le pouvoir d'entraînement de ce mouvement, qui a amené plein de jeunes à la politique. Il n'est pas indifférent, d'ailleurs, que comme Renaissance (qui se définit comme un « mouvement politique et citoyen »), LFI ne se voie pas comme un parti mais comme un « mouvement ouvert et évolutif[1] ».

Cette nouvelle conception des organisations, et de la place des militants, renouvelle l'idée même de l'engagement, qui n'a plus grand-chose à voir avec la figure du légionnaire-colleur d'affiches. Mais cela n'est pas la seule modulation contemporaine de cette idée.

Fluidité et pluri-adhésion

Autrefois, quand tu étais membre du Parti communiste français, tu avais une clé de lecture globale du monde. Le matérialisme dialectique, c'était ta clé, et ça durait toute la vie. C'est le principe d'une idéologie au sens très global du terme. Aujourd'hui, il y a moins d'idéologies, on peut soutenir plusieurs causes, une seule, ou aucune en ce moment. On peut aussi picorer : chacun se constitue son chapelet de causes.

L'idée d'« appartenir » à un parti a fait son temps. Ce qui émerge et qui plaît beaucoup, d'ailleurs, c'est

1. Voir Anne Chemin, « L'inéluctable mutation des partis politiques », *Le Monde*, 1er octobre 2021.

la pluri-adhésion. Beaucoup de partis politiques à gauche commencent à mettre ça en place. Les militants sont officiellement autorisés à adhérer à plusieurs formations politiques. Génération-s a été le premier à le faire, en étant parfaitement en phase avec le rapport plus fluide qu'on a aujourd'hui avec une « appartenance » partisane. Cela existe aussi en Macronie entre Horizons et Renaissance.

Les adhérents le demandent et c'est l'une des réponses aux questions explorées dans ce livre. La plupart des jeunes – et au-delà, la majorité des Français – sont réticents à l'idée d'adhérer à un parti politique, et entre autres ce qu'ils n'aiment pas dans les partis, c'est l'idée d'une adhésion sans distance à la ligne. Dans *adhérer*, il y a une sorte de viscosité qui ne colle pas avec la demande de fluidité. Et l'« appartenance » renvoie au monde ancien, celui où l'individu était étroitement défini par sa place, ou sa classe. Être membre d'une boucle WhatsApp n'est pas un engagement total. On est dans la boucle, mais ce n'est pas ce qui nous définit.

La pluri-adhésion est une réponse intelligente à l'aspiration à la fluidité, et aux réticences qui s'expriment à l'égard de ces anciennes formes d'engagement. Ne comptez pas sur moi pour pleurer sur les engagements du passé ! Ce qui s'esquisse aujourd'hui, ce sont des engagements à la carte. On a un rapport plus libre avec les organisations, quelque chose d'individualisé où chacun est maître de son destin, maître de sa barque et entend être respecté dans l'ensemble de ses engagements – et de ses non-engagements aussi. Évidemment, ça bouscule, ça frotte, ça choque, mais je trouve ça plus adapté à une société plurielle et à des individus, et notamment à des jeunes qui aspirent à être reconnus dans leur subtilité, dans leur diversité.

L'idée de la citoyenneté est portée de façon beaucoup plus digne que dans la version affiliation à un papa, avec des *papartis* qui étaient souvent des partis d'hommes, évidemment : derrière le militant dévoué qui passait sa vie en réunion, il y avait souvent une femme dévouée qui se coltinait les gamins et l'intendance du foyer ! Assumer la pluri-adhésion, l'accord incomplet, faire place à la liberté de jugement, c'est l'idéal des Lumières (oser penser par soi-même !), et c'est aussi l'idéal d'émancipation du mouvement ouvrier et l'idéal citoyen des Républicains du XIXe siècle.

Je trouve que la République en sort grandie, de cette myriade d'engagement, de cette pluralité, de cette individualisation. Paradoxalement, il y a plus de place pour le « collectif » dans cet arc-en-ciel que dans l'engagement à la papa où le collectif se résumait au parti et rien qu'au parti.

Les jeunes font davantage l'apprentissage de la République par cette myriade d'engagements qui évolue sans cesse. C'est une bonne réponse à ce qui a été l'expérience de ma génération, juste avant celle-ci : nous avons été une génération sacrifiée à l'Unef : tu rentrais dans un syndicat lycéen, tu faisais l'Unef et tu échouais au PS à 25 ans. (Et dix ans plus tard, il n'y avait plus de PS…)

L'interaction, une clé pour la politique de demain

Ce qu'on appelle « engagement », sur les plateformes numériques, ce sont les interactions entre une entité (une personne, une marque, une institution) et sa « communauté ». Une communauté passive n'a presque aucune valeur : on peut avoir des centaines de milliers d'abonnés ; si leur taux d'engagement est faible, c'est-à-dire s'ils n'interagissent pas avec l'instance à laquelle ils sont abonnés, ils ne sont pas un collectif, une communauté en tant que tel. Ce sont les interactions qui ont de la valeur. Cette idée puissante, qui met l'accent sur l'échange entre les individus plus que sur le nombre d'individus rassemblés, explique une bonne partie de ce que nous vivons en ligne aujourd'hui, parce que c'est devenu le Graal des plateformes qui organisent notre vie en ligne et qui travaillent sans cesse à gonfler ce fameux taux d'engagement.

Ce concept a d'abord été formulé par des spécialistes du marketing, en 1999 – bien avant l'Internet 2.0 ! Ils étaient quatre, Rick Levine, Christopher Locke, Doc Searls et David Weinberger, et leur texte, devenu un classique de la culture web, s'appelle *The Cluetrain Manifesto*. Leur manifeste développait une thèse révolutionnaire à l'époque : « Les marchés sont des conversations entre les entreprises et les consommateurs potentiels. »

Or, ce qui a été pensé pour le business s'est étendu à bien d'autres formes de la vie sociale : même les administrations cherchent aujourd'hui du feedback, elles créent des *chatbots*, multiplient les espaces de contact, les questionnaires de satisfaction. Parfois ça marche, parfois pas, mais tout le monde a compris qu'il fallait sortir de sa tour d'ivoire.

Il existe même un certain type d'organisation où ce sont uniquement les échanges et conversations qui créent la valeur : les réseaux sociaux. Et sur les réseaux, un acteur qui aspire à fédérer un public – ce peut être une marque, une personnalité, un influenceur, mais aussi une ville, un élu, un parti politique – comprend vite que la connexion ne peut se faire que si le public réagit, que s'il cesse d'être passif ou distrait, que s'il commence à s'activer, à mettre son grain de sel, à challenger – bref, à s'engager. Et il est capital, alors, de répondre à son engagement par un engagement en retour. C'est un cercle vertueux : quand des échanges se produisent, qu'une conversation commence à prendre forme, la mayonnaise prend.

Or, même s'ils sont sur les réseaux, c'est exactement ce qui manque aux politiques. Sorti de Twitter (pardon, X), qui agrège une population très particulière et pas très nombreuse de gens hyperinformés et souvent très militants, passant une partie de leur vie à troller leurs adversaires, le public des politiques reste passif, le monde politique est définitivement clos sur lui-même. Les personnalités politiques ne savent souvent même pas si leurs messages passent. Et pire : quand le public sort de sa réserve, ils ne savent pas rebondir sur ce début d'interaction.

On arrive là au cœur de mon constat : tant que le monde politique ne sera pas capable de construire à partir de ses interactions avec le public, il est voué à mourir doucement – et c'est un problème de taille, car nous avons collectivement besoin du politique pour bâtir le vivre-ensemble dans les conditions les plus saines possibles. Or, la manière dont les jeunes sont traités par le politique est le symptôme absolu de cette incapacité à updater la cuisine du vivre-ensemble.

Vers une nouvelle manière de faire de la politique

Une fois qu'ils ont compris qu'il fallait aller chercher les jeunes et qu'il ne suffisait pas d'embaucher un *community manager*, les politiques tombent sur un os. Comment s'adresse-t-on aux plus jeunes ? Car ce nouveau public ou plutôt ces publics, les jeunes dans leur diversité, leur échappent complètement. *Comment il fait, Bardella ? Il faut vraiment être sur TikTok ?*

Un peu désemparés, les politiques se disent qu'ils n'ont pas les codes. Ou un consultant se charge de le leur dire.

Mais est-ce vraiment un problème de codes ?

(Suspense.)

Non, bien sûr. La question n'est pas d'avoir les bons ou les mauvais codes ; elle n'est pas d'*encoder le message* différemment. Si l'on raisonne ainsi, c'est qu'on n'a rien compris. En fait, l'idée même de public a changé. Or, dans ce changement, les jeunes sont en pointe : ils sont déjà dans le monde qui vient. Il est urgent pour les politiques de les suivre, parce que ce monde qui vient est aussi le nôtre. Et aussi parce qu'il est beaucoup plus intéressant que l'ancien monde pour la démocratie. La question pour les politiques n'est pas d'adopter de nouveaux codes, mais de changer de posture face au public. Ce qui suppose, d'abord, d'ouvrir les yeux. De faire une place à ceux que l'on entend toucher.

Apprendre à écouter les gens

Dans l'ancien monde, il y a deux façons de se représenter « le public », et les politiques mobilisent tour à tour l'une et l'autre. La première, c'est le public au sens du spectacle ou des médias : les destinataires d'un message, ceux qui assistent à une représentation, ou à qui on communique des informations[1]. La seconde, c'est le public au sens de l'administration et des grandes organisations : les cibles d'une politique publique, « les usagers qui en bénéficient, ou qui le devraient[2] », comme le dit le Conseil d'État.

« Ou le devraient… » C'est marrant, on sent percer le même doute chez les conseillers d'État que chez les éditeurs de la presse écrite : le « public » ne s'intéresse pas à ce qu'on lui offre ! *Les jeunes s'en foutent !* C'est là qu'on retrouve nos politiques, qui sont au croisement de ces deux mondes. Ils bichonnent de jolis dispositifs pour les jeunes, ils leur concoctent des campagnes de com aux petits oignons, et ça ne prend pas.

Peut-être parce que les jeunes, ça ne les intéresse pas qu'on fasse des trucs pour eux. Que l'idée d'être des *cibles* – de politiques publiques ou de campagnes de com –, ce n'est pas ce qui les excite le plus dans la vie. Personne n'a envie d'être une cible !

Mais alors, comment aller les chercher ? Chacun sa méthode. Moi, c'est sur Twitch que j'officie, et il s'y passe des choses qui donnent quelques clés pour comprendre ce qu'est un public aujourd'hui, et comment on s'adresse à lui.

---

1. Pour une bonne synthèse : Aurélie Aubert et Pascal Froissart, « Les publics de l'information », *Revue française des sciences de l'information et de la communication*, 5, 2014.

2. Conseil d'État, « L'usager, du premier au dernier kilomètre. Un enjeu d'efficacité de l'action publique et une exigence démocratique », Étude annuelle, 6 septembre 2023.

Parler politique sur Twitch, ce repère de *gamers*, ce n'était pas partie gagnée quand j'ai commencé à streamer il y a neuf ans. Et aujourd'hui encore cela n'a toujours rien d'évident. Quand un jeune débarque sur le *chat*, son premier signe de vie, c'est un message interloqué : « Mais qu'est-ce que c'est que ça ? Mais pourquoi vous parlez de politique sur Twitch ? » Une expression d'étonnement, un peu agacé. Mais il reste. Ce n'est pas rien ! Une dizaine de minutes plus tard il poste un deuxième message, la plupart du temps sur le mode du ricanement, du rejet de la politique, en des termes très crus. « Les politiques, c'est tous des pourris. On s'en fout des politiques. Pourquoi vous vous faites chier à parler de ça ? » Mais il reste. Et dix minutes plus tard, cela fait vingt minutes qu'il écoute de la politique, et c'est la première fois de sa vie. À ce moment, il commence à rentrer dans le jeu, sans s'en rendre compte. Son troisième message le fait entrer dans la discussion. Et à partir du quatrième et du cinquième message, c'est bon, il est convaincu, il est abonné à ma chaîne et il reviendra le lendemain.

Ces nouveaux abonnés, je les vois évoluer au fur et à mesure des messages qu'ils mettent sur le *chat*. (Pas sur le chat, la pauvre bête ! Sur le *chat*.) Ils ont pris le virus parce qu'ils sont tombés dans un endroit plutôt bienveillant, cool, bon enfant, avec un mec sympa qui leur ressemble, qui dit des gros mots. Je ne suis ni un journaliste, ni un politique, je ne cherche pas à les convaincre de quoi que ce soit. Je suis là pour leur montrer que c'est intéressant, l'actualité politique, ce qui suppose de la leur amener – de l'amener sur Twitch, dans un espace où ils se sentent chez eux –, et surtout je suis là pour leur montrer qu'eux ont des choses intéressantes à dire.

Ce dernier point est fondamental. Le public de Twitch n'accroche vraiment que s'il peut mettre son grain de sel, participer à la conversation. C'est quelque chose que les élus ont beaucoup de mal à comprendre quand ils s'essaient au streaming ou qu'ils font un *live* sur Facebook. Ils disent toujours : « Posez vos questions en commentaire. » Mais ça ne marche jamais ! Twitch, Facebook, ce n'est pas la Troisième République, ce n'est pas le discours du sous-préfet ou du député devant une assemblée qui se contentera d'applaudir ou, si on l'y invite, de poser des questions. *Y a-t-il des questions dans la salle ?* Non, mec. Y en a pas !

Ce vieux modèle où l'élu a la réponse et le citoyen a la question, il est mort. C'est ce que Macron n'a pas compris. Même s'il se débrouille bien dans l'exercice, le côté premier de la classe qui a réponse à tout finit sérieusement par agacer. Les élus doivent le comprendre : les citoyens n'ont pas de questions à poser, ils ont des choses à dire ! Ils ont des réactions, des envies, des besoins, des revendications, des colères. Et c'est à l'élu d'aller les interroger. C'est son rôle de représentant de se mettre à l'écoute de la société.

En politique, cet ancien monde où le public se contente de poser des questions est en train de disparaître à grande vitesse. Et sur Twitch il n'a jamais existé. Comme animateur, je ne dis jamais : « Posez-moi vos questions. » Je demande toujours : « Dites-moi ce que vous en pensez. »

Requalifier la parole des jeunes

Entendons-nous bien : je n'ai pas la prétention de me poser en modèle ! Tout ce que je dis, c'est que le public évolue très vite, que la jeunesse est la pointe avancée de cette évolution, et qu'on peut tirer d'utiles leçons des échanges qui se déroulent dans les fils de discussion des nouveaux médias.

Ces leçons n'ont rien d'anecdotique. Il serait dangereux de sous-estimer les enjeux, pour le monde politique en particulier et pour la démocratie en général, d'un changement de posture face aux attentes du public – les jeunes incarnant le mieux ce public aux nouvelles attentes selon moi.

Le premier de ces enjeux est d'établir une connexion, d'apparaître sur la carte mentale de la jeunesse. Car bien souvent les politiques n'y sont pas ! Quelques semaines avant les Européennes de juin 2024, Manon Aubry, la tête de liste LFI, n'était connue que par 40 % des électeurs de 18 à 25 ans, Valérie Hayer, la chef de file de la majorité présidentielle, par 32 %, Raphaël Glucksmann par 29 % et Marie Toussaint pour les écologistes, par 28 %[1].

Le deuxième enjeu est de transformer ce public indifférent, qui n'est même plus un public puisqu'il se détourne du spectacle de la politique, en un public actif et « engagé », dans toutes les acceptions de ce terme.

Cela nous amène au troisième enjeu, le plus important. Qu'est-ce qui se joue quand je demande leur avis aux jeunes ? Je requalifie leur parole. Je leur rappelle que ce qu'ils ont à dire est intéressant. Je les invite à ne pas démonétiser leurs propres mots. À ne pas faire l'erreur de se dire : « De toute façon, ce que je pense, tout le monde s'en fout. » Non, tout le monde ne s'en fout pas, ça a du sens, c'est important.

Le public d'aujourd'hui, la jeunesse au premier chef, n'est pas spontanément passif, même quand il s'abstient. Il a une capacité de prise de parole. C'est la raison pour laquelle je n'arrive pas à travailler avec la télévision et la radio, qui sont des médias de l'ancien monde. Je n'arrive pas à parler à un public passif. Il

---

1. IFOP, « Les jeunes et les élections européennes de 2024 », sondage du 16 mai 2024 pour l'ANACEJ et les Jeunes Européens, sur un échantillon de 1 506 personnes, représentatif de la population française âgée de 18 à 25 ans.

me faut un public actif. Il faut qu'il y ait un *chat*, que ça défile, qu'il y ait de la discussion. Et les jeunes qui me suivent sont sur la même longueur d'onde.

Ce travail que je mène sur Twitch, on peut le lire comme une réhabilitation de la politique, mais au fond c'est d'abord et surtout une réhabilitation de la parole des citoyens – en l'occurrence des jeunes citoyens. À la fois comme une parole digne d'être entendue, et comme une parole ayant une portée absolument politique.

J'essaie de mener ce travail de réhabilitation de la politique dans l'esprit des jeunes, pour qu'ils se sentent à l'aise et qu'ils se sentent autorisés à en parler. Quand Macron dit des trucs à la télé, *vous avez le droit d'en penser quelque chose*. Ils me disent tous : « Oui, mais je ne suis pas qualifié, je n'ai pas fait les études pour. » Et là on perçoit bien que leur distance souvent extrême avec la politique est aussi une invalidation de leur propre compétence.

Ils ont complètement intériorisé la disqualification de leur parole qui est à l'œuvre dans notre société, et qui bien souvent se double d'une disqualification de la parole des citoyens qui n'ont pas fait Sciences Po ou l'Ena (on en a déjà bien parlé en première partie, je ne m'étends pas là-dessus).

Mais vous n'avez pas besoin d'être un expert pour avoir une opinion ! Vous êtes expert de votre propre réalité. Personne n'est mieux placé que vous pour parler de vous, de ce que vous ressentez, de ce que vous voyez. C'est un truc, rappelez-vous, qu'ont bien compris les jeunes les plus militants, les féministes ou les végans par exemple, mais qu'ont du mal à intégrer la vaste majorité des autres jeunes. Il est capital de les sortir de leur silence, de casser leur sentiment d'incompétence. Quand vous trouvez que les prix augmentent, vous n'avez pas besoin d'être économiste pour le dire.

Vous êtes le mieux placé pour savoir ce qui affecte le plus votre budget, ou ce que vous devez sacrifier en premier. Personne ne le sait mieux que vous !

Et sur les grandes questions, vous avez aussi le droit de poser vos priorités – c'est justement ça, la démocratie : exprimer des préférences, peser sur les choix collectifs, à partir de ce que l'on pense, et de ce que l'on sait, sachant que c'est en s'y mettant tous qu'on arrivera à la meilleure décision. Vous n'avez pas besoin d'être climatologue pour trouver que le réchauffement climatique, c'est sérieux et qu'il faut s'y atteler. Vous ne savez pas comment, vous n'avez pas la solution, vous n'avez pas forcément tous les chiffres en tête, et ce n'est pas grave !

C'est OK d'avoir des opinions politiques vagues et c'est OK d'en discuter. C'est OK de les faire évoluer. Vous avez le droit de changer d'avis ! Au cours d'une vie, vous allez changer d'avis sur plein de sujets, y compris en politique. Et c'est très bien : vous allez polir votre opinion. Vous avez le droit de débattre, de discuter et de changer d'avis.

Et si vous êtes « radical », ça ne vous disqualifie pas. Tout au contraire. Cela oblige. À vous entendre, et à vous répondre.

Répondre à l'indignation

C'est un point très important, que les responsables politiques ont du mal à admettre mais qu'ils auraient tout intérêt à intégrer. Derrière la distance un peu narquoise envers la politique, il y a souvent un point d'accroche qui s'exprime sous une forme très négative : un dégoût, une colère, une indignation. Beaucoup de jeunes sont peu intéressés par la politique traditionnelle et la rejettent. Ils viennent à la politique par le biais d'un événement, mais le plus souvent ils estiment que c'est la politique traditionnelle qui a conduit à l'inaction, au drame. C'est vrai des jeunes très à droite, dont la socialisation politique part souvent d'un fait divers, mais aussi des jeunes très à gauche, révoltés par une décision ou une action d'ordre politique – Gaza bien sûr, mais aussi la décision de construire une autoroute, ou la charge de CRS contre des manifestants pacifiques.

La conscientisation politique se fait toujours beaucoup plus facilement en négatif qu'en positif. On part plus facilement du rejet que de l'adhésion. On exprime avec colère un refus de l'ancien monde qui doit crever. Ce refus exprimé par la jeunesse est fondamentalement une exigence morale : son modèle éternel, c'est Antigone qui veut offrir une sépulture à son frère, contre son oncle Créon qui, au nom de la raison d'État, a ordonné que la dépouille de Polynice soit jetée en pâture aux vautours.

Qui a raison ? Peu importe au fond. Mais si Créon n'entend pas Antigone, ou s'il la jette en prison parce qu'elle est insupportable, il se coupe de toute une partie du monde. On peut comprendre Créon – après tout Machiavel nous a appris que la politique coïncidait rarement avec la morale. Les adultes comprennent Créon. Quand on vieillit, quand on devient complètement adulte, on a tendance à accepter plus de trucs ; on a tendance à « comprendre ».

Mais un monde où il n'y a plus que Créon et des gens qui le comprennent est un monde sec – un monde de mort. Il y a dans l'indignation de la jeunesse quelque chose que les adultes ont du mal à entendre, et qu'il leur faut pourtant entendre parce que si on ne l'entend plus, le monde va vraiment mal. Or, cette indignation, aujourd'hui, non seulement on n'arrive pas à l'entendre, mais on va la mépriser, parfois en citant Rimbaud : *On n'est pas sérieux quand on a dix-sept ans.* Sous-entendu : ça leur passera avec l'âge, il y a eu bien d'autres mouvements par le passé, ils apprendront quand ils paieront leurs impôts.

Oui, ils apprendront. Mais pas maintenant, et le vieux monde devrait entendre ce qu'ils ont à lui dire. Bien plus qu'entendre : *répondre* à cette indignation. C'est ça la base : commencer par répondre. Ne pas garder le silence. Parce qu'un monde qui refuse d'écouter l'indignation, de lui faire place, c'est un monde qui prend le risque qu'on le balance avec l'eau du bain (j'écris ces lignes juste après les législatives à la suite de la dissolution surprise de Créon… Non, de Macron !)…

Des voix émergentes moins verticales

Si vous avez plus de 35 ans, il y a des gens qui sont probablement sous votre radar, mais qui ont des centaines de milliers de *followers*, et qui accomplissent un extraordinaire travail de vulgarisation et dont les voix émergent dans le débat public, avec un vrai impact. Des gens comme Manon Bril ou Gilles Mitteau de *Heu ? reka*, qui officient tous les deux sur YouTube.

Ce sont des personnalités qui ont percé souvent très jeunes, qui n'ont pas 40 ans. Elles ont un autre point en commun : elles n'imposent pas une parole d'autorité à l'ancienne (même si Manon a un doctorat et que Gilles touche bien en économie), mais cultivent plutôt une parole de passeur et de passionné. Quand elles expliquent un sujet, elles ne l'expliquent pas *ex cathedra*, en chaire, comme un curé ou professeur d'université. Souvent d'ailleurs elles partent de ce qu'elles ne savent pas, d'une position commune à elles et à leur public, et elles défrichent, elles bossent, elles expliquent. En cela elles se distinguent aussi des intellos à l'ancienne (on en trouve encore à la télé), qui avaient réponse à tout et improvisaient brillamment... sans avoir bossé leur sujet ! Les personnalités qui émergent aujourd'hui sont beaucoup plus modestes, et le plus souvent elles partent de ce qu'*elles ne savent pas*. C'est comme ça qu'elles nouent un lien très fort avec leur public, et qu'elles emmènent leurs centaines de milliers de followers vers une conscience et une connaissance communes de sujets parfois pointus.

On observe ainsi le développement d'une scène intellectuelle jeune, avec de nouvelles figures qui apportent de la nouveauté, une autre manière de voir les choses, et qui l'apportent à partir d'une position généralement plus humble, plus horizontale que l'essayiste à l'ancienne – une position qu'on voit aussi dans le mouvement Climat, avec des auteurs comme Timothée Parrique et surtout Camille Étienne, sans même parler de Greta Thunberg dans un registre plus militant.

Toutes ces personnalités incarnent, avec leurs nuances propres, une forme émergente de leadership intellectuel et militant. Elles ont en commun un lien particulièrement fort avec leur public – un public qui se compte en centaines de milliers de personnes dans le cas des jeunes auteurs et journalistes français que j'ai évoqués, et qui est planétaire dans le cas de Greta Thunberg.

Elles ont aussi en commun un propos assumant une dimension politique. Elles incarnent chacune à sa façon une forme d'autorité nouvelle. Manon, Gilles, ou une journaliste comme Salomé Saqué refusent de s'installer dans la position « haute » du prof ou du sachant, mais assument une fonction de médiation. Ils se donnent comme mission de faire un lien entre leur public et des savoirs qui ne lui sont pas familiers mais méritent d'être portés à sa connaissance.

Leur seule autorité, c'est celle que le public leur confère, et qui part d'une reconnaissance de leur travail.

Parfois, ils évoquent le syndrome de l'imposteur : est-ce qu'ils sont vraiment qualifiés pour parler ainsi à des centaines de milliers de jeunes ? Mais c'est précisément cette humilité et cette sincérité, ce refus d'une position haute, qui achève de leur conférer une autorité.

Ce ne sont pas des personnalités « politiques », elles n'aspirent pas à être élues. Mais comment ne pas voir qu'il y a ici tous les éléments d'une nouvelle forme de leadership, qui pourrait s'appliquer à la politique le jour où les politiques apprendront à se mettre à la hauteur de leur public ?

Et vous observerez à l'inverse que les figures les plus zinzins du moment, les gourous d'Internet comme Didier Raoult par exemple, ou Idriss Aberkane qui se prévaut de ses trois doctorats, ce sont justement des figures d'autorité à l'ancienne, qui surjouent leur savoir et leur compétence.

À l'opposé exact de ces figures de gourous, et à côté des médiateurs comme Salomé, Manon, Camille ou Gilles, il y a un troisième pôle qui me semble très intéressant : c'est l'administrateur anonyme de Wikipédia, ou des forums en ligne de Reddit. Je ne sais pas qui est l'administrateur de Wikipédia, mais spontanément, je sais que c'est un mec bien, qui a été choisi quasi naturellement. Il est ressorti parce qu'il bosse bien, parce que la communauté l'apprécie. Et dans les forums en ligne, ça fonctionne comme ça. Il y a des jeunes dont je ne connais pas le nom et le prénom, mais qui sont à la tête d'organisations massives, comme les serveurs Minecraft que j'évoquais plus haut et qui rassemblent plusieurs dizaines de milliers de personnes. Ces mecs sont à la tête d'organisations bien plus puissantes que n'importe quelle fédération d'éducation populaire ou grande association ! Et les jeunes sont parfaitement à l'aise avec cette forme de délégation. Le ressort, c'est la confiance : si les autres lui font confiance, c'est que ça doit être quelqu'un de bien. Mais c'est une confiance et une délégation qui sont sous contrôle. Avec l'anonymat, l'évaluation par les pairs, le côté profondément paritaire, il est possible dans ces mondes d'émerger un peu comme une star, mais sans se mettre à fumer des gros cigares ! La plupart du temps, les jeunes qui occupent ces positions le font sans l'avoir calculé, et en refusant les honneurs : « Je ne suis qu'un petit maillon d'un truc qui me dépasse très largement et qui s'appelle Internet. »

On retrouve ici la sincérité et l'humilité, qui parlent énormément aux jeunes. La politique est en retard de phase sur ces évolutions.

Nous sommes probablement dans un entre-deux, et le politique est soumis à des injonctions contradictoires. Oui, il y a des attentes d'horizontalité, de sincérité, d'humilité, d'honnêteté, etc. Mais on continue à attendre de nos dirigeants qu'ils aient une forme de supériorité. D'un côté, on voudrait que les politiques soient plus à notre image, de l'autre on a besoin quand même que ce soit une image fantasmée de nous, un peu la meilleure version de nous-mêmes.

Mais il y a un espace. Notamment sur le fake ou la sincérité, ou sur le fait d'assumer de ne pas tout savoir. Rappelez-vous la première conférence de presse d'Édouard Philippe pendant le covid : pas mal de jeunes avaient bien aimé son intervention, parce qu'il avait su dire : « On ne sait pas tout. On n'a pas toutes les réponses. On y travaille. Ce qu'on sait, c'est que ça va être dur et qu'il va falloir qu'on avance ensemble. » Des jeunes me disaient : « Putain, enfin, on nous parle comme à des adultes. Enfin, le mec qui nous parle. » Le contraste était génial avec Emmanuel Macron qui faisait des allocutions lyriques où il prétendait maîtriser parfaitement la situation en regardant profondément la caméra avec son regard d'Emmanuel Macron !

Pour une démocratie qui fasse place aux jeunes

Prendre le public au sérieux : c'est une exigence forte, et une condition de survie des démocraties aujourd'hui. Et on a vu au printemps 2024 que le coup n'est pas passé bien loin. D'une certaine façon, populismes et complotisme sont la traduction fiévreuse et chaotique de ce sentiment de ne pas être écouté, de ne pas avoir voix au chapitre. La politique comme jeu de faux-semblants, quand la réalité du pouvoir est exercée en secret par des puissances occultes. Il est urgent de réagir – et il n'est pas trop tard, il n'est *jamais* trop tard pour la démocratie qui est une exigence toujours plus vivante.

Comment créer les conditions d'une vraie prise de parole et comment insérer ces voix citoyennes, qui ne sont plus seulement les « voix » des électeurs pour un élu, dans le jeu démocratique ?

La question n'est pas ici de se laisser prendre au mirage d'une démocratie directe qui aurait toutes les vertus, ni de croire qu'on peut tout régler avec du participatif. En dernier ressort, il faudra prendre une décision, assumer un arbitrage, et nous avons toujours besoin de représentation, c'est-à-dire d'élus avec un mandat. Mais il est essentiel, pour la qualité même de cet arbitrage et de la vie en commun, que celui-ci soit nourri et vivifié par une discussion dans un espace de dialogue.

Il est urgent d'inventer des espaces, de permettre à davantage de gens de s'exprimer, d'élaborer des idées et des propositions.

Ouvrir l'espace de la délibération

Les échanges horizontaux avec une forte participation du public, les modes d'engagement et l'importance de la prise de parole, la difficulté et les réticences à prendre la parole pour une partie conséquente de la jeunesse amènent à donner une importance fondamentale à la délibération, et une délibération qui ne peut plus se cantonner à ses espaces officiels, le « Parlement » – si bien nommé – et les conseils.

Il nous faut mettre en place une vraie démocratie délibérative. Sans elle, les décisions passeront de moins en moins, elles seront de plus en plus contestées, de plus en plus perçues comme les décisions des « autres ».

Le philosophe allemand Jürgen Habermas explique dans *Droit et démocratie*[1] que les modalités de la délibération sont au moins aussi importantes que le dispositif décidé, parce que ce sont ces modalités qui permettent l'acceptation. Le rapport du GIEC pointe bien la nécessité de mettre de la démocratie participative dans les décisions en matière de climat, parce que seules des décisions partagées pourront être mises en place car acceptées. Et on le voit avec la taxe carbone, avec les portiques de l'écotaxe, avec les mesures du pacte vert européen et les agriculteurs. Il y a une nécessité de créer du commun autour de ces décisions. Cela passe par une promotion inédite, depuis

1. Jürgen Habermas, *Droit et démocratie. Entre faits et normes*, Paris, Gallimard, 1997. (L'original allemand est paru en 1992.)

l'agora athénienne, des échanges et de la conversation citoyenne – une conversation à laquelle le public participe.

Une réponse logique est de développer la démocratie dite « participative », une belle idée qui répond bien aux enjeux, mais qui a du mal à trouver sa voie.

Au niveau national, Emmanuel Macron aura été un expérimentateur, mais il ne sera jamais allé jusqu'au bout de sa logique, ce qui est presque pire que tout puisqu'il a tué dans l'œuf un espoir et des ambitions réelles. Le grand débat national qui a suivi les Gilets jaunes n'a finalement pas donné grand-chose. La Convention citoyenne pour le climat et la Convention citoyenne pour la fin de vie n'ont pas abouti à l'institutionnalisation des conventions citoyennes qu'on pouvait espérer. Pourtant, ces différents dossiers ont fait l'objet d'un dispositif participatif hors du commun, avec tirage au sort de citoyens lambda et formation scientifique aux enjeux et aux complexités soulevés par les questions redoutables, éthiques et systémiques que sont le climat et la fin de vie : mais le mépris accordé aux conclusions de ces travaux citoyens par l'exécutif sonne comme un véritable fiasco pour la démocratie participative – et c'est une catastrophe.

Comment passer le cap ? En se confrontant courageusement aux problèmes apparus lors des diverses tentatives menées au niveau national ou municipal.

Le premier écueil est que le participatif a parfois plus de défauts que la démocratie représentative. Par exemple, les budgets participatifs sont souvent très mal foutus : des collections de projets, une participation extrêmement faible, et des modalités (exclusivement en ligne, ou au contraire exclusivement en physique, cherchez la logique !) qui ont un fort effet d'exclusion. Ce qui en ressort, c'est trop souvent une expression extrêmement minoritaire portée par des groupes d'intérêt.

Ensuite, il existe une confusion entre la participation et le mini-référendum, ou sous le label participatif on voit le pire de la démocratie directe. Voyez la consultation sur les trottinettes, à Paris : une question fermée (interdire / pas interdire) qui clôt le débat au lieu de l'ouvrir, 8 % de participation, et rien de numérique : on aurait voulu exclure les jeunes qu'on ne s'y serait pas pris autrement ! Et quelque chose me dit que dans ce cas, les élus n'ont pas voulu assumer la décision, et qu'ils se sont défaussés sur les citoyens. Ni la démocratie participative, ni la démocratie élective n'en sortent grandies.

Cette fausse participation amène des décisions mal prises et mal acceptées, alors qu'une délibération bien organisée permet d'éviter les effets d'agrégat, les effets référendaires, la simplification. On en revient à l'idée que le public a vocation à s'exprimer, non pas pour répondre à la question oui / non, mais pour contribuer à mieux représenter un problème. Le vrai enjeu de la participation, en ce sens, c'est la délibération : le dialogue actif avec des parties prenantes aussi variées que possible, un souci de faire entendre des voix faibles, celles de ceux qui n'osent pas s'exprimer ou qui se sont éloignés des institutions, et l'ambition de faire émerger des solutions originales.

Second problème – et pas des moindres : que fait-on des résultats ? Les grandes consultations organisées par le président Macron ont péché sur ce point. La Convention citoyenne pour le Climat, par exemple : il avait promis que les résultats seraient repris dans la loi, il n'en a quasiment rien été dans les faits. Le contenu des propositions de la Convention citoyenne a été totalement détricoté au moment du passage au Parlement. On peut parfaitement comprendre que les parlementaires aient repris la main, ils sont dans leur rôle. La « transmission sans filtre » promise par Macron n'a aucun sens dans les règles institutionnelles actuelles. Alors pourquoi avoir fait cette promesse en sachant qu'elle ne serait pas tenue ? L'effet de déception est terrible !

La démocratie participative a subi le même sort, ici, que la démocratie directe : rappelons-nous le référendum de 2005 sur le traité constitutionnel européen, dont le résultat avait été contesté au motif qu'une partie des électeurs avaient juste envie de sanctionner le gouvernement, et qui n'a pas été pris en compte parce que le traité constitutionnel rejeté a quand même été adopté sous la forme du traité de Lisbonne. Beaucoup de gens ont pris ça comme la preuve qu'il n'y avait pas de démocratie. Il y a quelque chose de décevant quand on fait semblant de donner la parole aux gens et qu'on ne les écoute pas. Il ne faut pas s'étonner que les gens ne la prennent plus, la parole.

Il est donc essentiel, si l'on veut renouveler la démocratie en approfondissant la participation directe des citoyens, de bien penser l'usage des nouveaux modes de consultation, et leur insertion dans la décision publique. Représentation, démocratie directe et participation, chaque formule a ses forces et ses faiblesses, et il est crucial d'apprendre à les articuler et à les mobiliser à bon escient.

J'ai cité des exemples de « fausse participation » à l'échelle municipale, comme ce fameux référendum parisien sur les trottinettes, mais en réalité les modèles les plus probants aujourd'hui se trouvent dans les collectivités territoriales, qui montrent leur capacité à être plus agiles que l'État pour expérimenter des choses différentes.

Depuis une vingtaine d'années, on voit émerger des réunions de concertation, de la délibération publique sur des grands projets, ou des versions vraiment participatives des fameux « budgets participatifs », avec par exemple la possibilité de classer les projets, d'exprimer un vote négatif, ou des interfaces de discussion qui permettent d'articuler des arguments ou de pointer des faiblesses. Le tout avec une attention particulière aux publics que ne toucheraient pas les outils numériques de la communauté territoriale, en allant porter la discussion sur le terrain, en direct (sur une place publique) ou en s'appuyant sur des assos.

Un effort particulier devrait être fait, systématiquement, pour amener ces dispositifs plus près des jeunes – dans les lycées, dans les facs, dans les CFA, ou plus simplement dans les quartiers où ils vivent. Mais la limite de l'exercice est qu'il ne faudrait pas non plus en faire une catégorie à part, qu'on séparerait des plus âgés : l'enjeu est tout au contraire de connecter les conversations, de faire en sorte que les uns et les autres se rencontrent.

Une façon de réduire cette difficulté est de prendre les choses en amont, dès l'enfance : il existe dans de nombreuses collectivités locales des conseils d'enfants et de jeunes ; il faudrait développer ces dispositifs qui insèrent la parole des jeunes dans la délibération publique et habituent les enfants à avoir un rôle dans la démocratie au quotidien.

Une proposition : l'État pourrait créer un Fonds national d'aide aux collectivités locales qui mettent en place un conseil d'enfants et de jeunes. Après tout, quand il s'est agi d'expérimenter l'uniforme à l'école, l'État a démontré qu'il était capable de sortir de l'argent pour les jeunes… Aujourd'hui, les conseils d'enfants et de jeunes sont très confidentiels, leur existence repose bien trop sur la bonne volonté des collectivités locales. Or, il me semble que, si l'on veut que les jeunes soient pris au sérieux et se considèrent comme des citoyens comme les autres, c'est la première chose à faire.

Au-delà des incitations financières, un enjeu est le maillage des initiatives et le partage des bonnes pratiques. Il existe à ce propos une Association nationale des conseils d'enfants et de jeunes, dans laquelle sont présents des élus en charge de la jeunesse. Il faut savoir que ces élus sont souvent des petits nouveaux au conseil municipal : il y a un vrai enjeu à les acculturer rapidement à ce qui se fait chez eux et ailleurs, et à les faire bénéficier du retour d'expérience de villes où des conseils d'enfants et de jeunes fonctionnent depuis vingt ans. Cette asso devrait être soutenue et se développer, c'est un élément clé si l'on veut voir essaimer ces instances et promouvoir l'éducation à la citoyenneté.

Aller chercher la parole des jeunes

Mais il y a bien d'autres façons de faire circuler la parole citoyenne. Le plus simple est, pour les élus et plus largement les décideurs et responsables, de sortir des enceintes officielles de la délibération pour aller à la rencontre de ceux qui ne s'y expriment pas. À commencer par les plus jeunes, dont les enfants.

Quand je bossais à la mairie du 20e arrondissement de Paris, j'essayais aussi souvent que possible d'organiser des déjeuners dans les cantines scolaires pour que le maire déjeune avec des enfants. Juste avec eux, sans la directrice de l'école, pour parler avec eux, écouter ce qu'ils avaient à dire. Le maire du 13e faisait ça souvent lui aussi.

On ne parle pas ici de dispositifs, mais de pratiques qui nourrissent l'action publique en permettant au décideur de saisir au plus près les besoins, les attentes, les représentations du public, d'aller à sa rencontre pour échanger – bref, d'éviter le péril qui menace tout élu de la République : devenir hors sol. Au fond de cela, il y a un enjeu fondamental : se mettre en capacité de voir le monde avec les yeux de l'autre.

Quand j'allais dans une école où il y avait des enfants dans la cour de récré, il m'arrivait souvent de me tenir accroupi, pour comprendre comment ils voyaient la cour de récréation, comment ils appréhendaient l'immensité de l'école. Cela n'a l'air de rien, mais c'est exactement ce qu'on attend d'un politique en charge des jeunes et des enfants : qu'il se mette à leur hauteur. Ça change tout !

On réalise, ce faisant, à quel point l'espace public n'est pensé que pour un groupe étroit d'usagers, et rarement pour les enfants ou les ados. Un élu local devrait systématiquement se mettre à la place d'un gamin de 15 ans en se demandant : « Ce week-end, qu'est-ce que je peux faire ? Il y a quoi d'ouvert ? Qu'est-ce qui est accessible ? Je ne bois pas d'alcool, je n'ai plus l'âge d'être dans les squares, je n'ai pas de ronds pour aller au ciné, qu'est-ce qui me reste ? Et si je trouve un truc, le *skate park* par exemple, comment j'y vais ? » Prendre le bus tout seul, ça peut être difficile à 15 ans, et là encore il faut des sous. Quels espaces ont les jeunes ? Si on ne se pose pas ces questions, on se retrouve, notamment dans une ville moyenne, avec des jeunes qui squattent les bancs publics, faute d'espaces qui leur soient dédiés. Ce qui peut aussi amener des problèmes d'ordre, de propreté, de délinquance ou simplement de sentiment d'insécurité des mamies qui passent à côté. Pour résorber ça, les élus devraient se mettre à la place des jeunes et aller discuter avec eux, pour appréhender ce qu'est leur vie au quotidien, ce que sont leurs possibilités concrètes.

On ne perd jamais son temps à discuter avec les jeunes quand on est un élu local ou un décideur public[1]. On voit apparaître des problèmes qu'on ne soupçonnait pas, et dont la solution n'est parfois pas très difficile à imaginer. François Bayrou racontait ainsi comment, après avoir perdu des points de permis, il avait pris des cours en auto-école et réalisé en discutant avec des jeunes à quel point cela grevait leur budget. Sans cette expérience, ce sujet qui n'avait rien de mineur pour les jeunes passait complètement sous son radar.

Faire confiance aux jeunesses

On peut aller encore beaucoup plus loin, en favorisant la prise de décision des jeunes. J'ai en tête un exemple magnifique, avec des enfants. Je le raconte souvent, et il a même un titre : le menu de cantine idéal.

Oui, c'est encore une histoire de quand j'étais à la mairie du 20e. Un jour, on a proposé aux enfants du Conseil des enfants de l'arrondissement de déterminer eux-mêmes la composition d'un menu, qui serait servi dans toutes les écoles de la ville à la fin de l'année. Le débat était bien encadré, avec des animateurs.

On a donc demandé aux enfants : « Quel est votre menu idéal ? » Le premier à prendre la parole était un petit garçon : « Moi, je veux des nuggets et des frites. » Et avant même qu'un animateur ne relance, une petite

---

1. Des jeunes, ou de toute population en marge de la représentation. Pendant le mouvement des Gilets jaunes, certains nouveaux députés qui avaient été élus en 2017 se sont servis de leur anonymat pour aller sur les ronds-points incognito. Ils ont passé là des heures à discuter et à écouter. Ça les a nourris, ça leur a ouvert les yeux. Ils en sont ressortis grandis, du moins c'est ce dont ils ont témoigné face à la caméra pendant la crise. Hélas, ils n'en ont pas fait grand-chose ensuite.

fille a dit : « Non, moi, je ne suis pas d'accord avec toi. Un menu idéal, ça ne veut pas dire que ça doit juste être bon. Ça veut aussi dire que ça doit être équilibré. » Sans jamais qu'on intervienne, les gamins ont débattu. Ils ont échangé. Et ils ont atterri sur un menu équilibré avec des haricots verts, et pour se faire plaisir une mousse au chocolat au dessert. Le menu du Conseil des enfants, c'était un menu qu'on aurait pu déterminer nous-mêmes !

Pourquoi les enfants en sont-ils venus à cette conclusion ? Parce qu'on leur a dit que le menu allait *vraiment* être servi. Et il l'a été ! Si on leur avait demandé sur une page blanche « Quel est votre menu idéal ? », la petite fille n'aurait pas fait l'effort d'intervenir.

On pourrait développer cette pratique à l'échelle des collectivités locales. (Les haricots, quand c'est toi qui as décidé d'en mettre au menu, tu les manges de bon cœur !) De la même manière, le look des établissements devrait systématiquement être soumis aux votes de leurs principaux occupants, les enfants : l'exercice de la démocratie peut commencer beaucoup plus tôt !

Quand les jeunes se sentent impliqués dans l'ambiance globale d'un espace, ils le respectent d'autant plus. Dans les lycées, quand on laisse les jeunes faire des clubs, un journal du lycée, quand on les laisse prendre en main des aspects de leur vie dans l'établissement, ça calme énormément les tensions.

Vous me permettez encore une anecdote ? Promis, ça ne se passe plus dans le 20e arrondissement, mais dans mon lycée, quand j'étais responsable de la publication du journal. En début d'année, on faisait la tournée des classes de seconde : « Vous venez d'arriver au lycée, vous avez pris trois ans ferme – minimum ! Vous allez faire partie de cet établissement, vous allez y passer toutes vos journées. Il ne tient qu'à vous d'en faire un endroit cool. Nous, on vous propose le journal du lycée. Si vous voulez nous rejoindre, venez, on se marre bien. » Je ne leur vendais pas du tout le côté pédagogique, mais une ambiance. « Et si vous ne venez pas au journal du lycée, faites d'autres trucs. Faites des assos, des clubs de danse, des clubs de musique, allez-y, envoyez le pâté, démerdez-vous. » Le message était simple : Prenez votre lycée en main, les gars. Personne ne va le faire à votre place. N'attendez pas ça des profs, ce n'est pas leur job.

Si on veut utiliser des grands mots, on pourrait dire que c'est un modèle d'action publique : encourager, stimuler, favoriser l'éclosion d'initiatives portées par des jeunes, en faisant le pari que c'est l'ensemble de l'établissement, de la ville qui en bénéficiera.

J'écrivais plus haut que les jeunes sont les meilleurs experts de leur propre expérience. Cela leur donne aussi une capacité particulière à élaborer des solutions pour les problèmes qui les touchent en premier lieu – des problèmes qu'ils ont connus, connaissent, ou dont ils sont témoins. Là encore, j'ai un très bel exemple en tête : Nightline. C'est une association étudiante qui a une ligne d'écoute de prévention du suicide et de soutien psychologique ouverte de 20 h 30 à 2 h 30.

Il n'y a que des étudiants qui pouvaient inventer un truc pareil. Jamais le Crous n'aurait eu l'idée de mettre des gens devant un téléphone jusqu'à 2 heures du mat. Les gens, ils ont des horaires de bureau ! Et là, tu as des jeunes qui sont méga débrouillards et qui disent : mais en fait, à quelle heure on a envie de parler ? À quelle heure est-ce qu'on fait des *nervous breakdowns*, à quelle heure on ne va pas bien ? C'est dans la nuit, c'est à l'heure du coucher. Donc on va accompagner les jeunes une partie de la nuit. Et c'est d'autant plus génial que c'est aussi les heures auxquelles les bénévoles sont disponibles, parce qu'ils ne sont pas en cours, et pas au boulot pour ceux qui travaillent chez Mc Do.

Ce genre d'initiative donne des pistes pour d'autres espaces fréquentés par des jeunes. Un excellent exemple si on veut rester dans le monde étudiant : les bibliothèques universitaires. Elles sont pour la plupart ouvertes entre 9 heures et 18 heures, alors que c'est en dehors des heures de cours que les étudiants vont en priorité vouloir s'y rendre. Cela pose évidemment d'autres questions – les bibliothécaires n'ont certainement pas envie de bosser jusqu'à minuit, et le budget de ces établissements n'est pas extensible à l'infini –, mais s'apercevoir de ce type d'inadéquation est un premier pas vers la prise de conscience suivante : l'espace public est dans son écrasante majorité réservé à ceux qui ne sont pas jeunes. Et le deuxième pas, c'est que les jeunes contribuent à élaborer des solutions dont ils sont parties prenantes.

Dès qu'on s'intéresse aux lieux de vies occupés par les jeunes, on arrive à des questions très concrètes, dont l'une est centrale : pourquoi ne pas se passer des adultes ? Car l'idéal est sans doute de laisser les jeunes tenir eux-mêmes leurs lieux de vie. Bien sûr, il faut que ce soit fait dans un cadre, si c'est organisé avec une association, il faut une convention de partenariat. Ça s'imagine, ça se monte, ça se crée… et ça demande du courage. Mais il faut aussi faire comprendre au maire (ou à la présidente de l'université) que le risque est limité, que les jeunes vont faire le ménage. Quand on met les gens en situation, quel que soit leur âge, ils font les choses avec soin, tout simplement !

Cela rejoint le menu de cantine, ou l'établissement scolaire qu'il faut laisser aux jeunes la possibilité de s'approprier. Tu vas moins le salir, ton établissement scolaire, quand tu es l'un des acteurs de sa vie ! C'est l'une des raisons pour lesquelles il serait utile de réfléchir sur les dotations horaires globales, et lâcher du lest aux établissements scolaires pour qu'ils puissent accueillir et accompagner des projets lancés par les jeunes. Même chose pour les collectivités territoriales. C'est un facteur de paix sociale et de bien-être, tout le monde en bénéficie.

Quand on fait le pari de laisser une vraie place aux jeunes, cela donne des résultats extraordinaires. Combien d'exemples on a d'associations de jeunes qui ont réussi à animer un quartier alors que personne n'avait réussi à le faire depuis des décennies ?

Un exemple parmi d'autres, l'Association de jeunes pour le divertissement à Bagnolet, en banlieue parisienne. Elle a été créée en 2014 par six jeunes du quartier des Malassis, qui posaient le constat qu'il n'y avait pas assez de mixité et d'animations dans les quartiers de leur ville. La mairie n'y arrivait pas, le conseil départemental non plus. Ils ont fait des trucs incroyables en dix ans ! Des restaurants éphémères par exemple : transformer un lieu de la ville en restau, avec des plats gastronomiques à petits prix. Les jeunes qui animent ça découvrent la gestion, la com, le management... et cela finance des voyages en Europe. Ils ont étendu le concept, avec des *afterworks*, des apéros, des brunchs – ces mecs, ce sont de vrais start-upers ! Le fait que ce soient des jeunes qui recrutent des jeunes pour rendre leur quartier plus agréable à vivre, cela change totalement la mise, et tout le monde s'y retrouve.

Mais des initiatives comme celle-ci sortent rarement du néant et elles demandent le plus souvent à être accompagnées. Il faut une politique d'activation et d'encouragement : les adultes doivent avoir une volonté d'accompagnement bienveillant. Il ne s'agit pas de faire à la place des jeunes. Surtout pas ! Il s'agit d'accompagner l'éclosion de projets et d'engagement. Ni faire à leur place, ni les empêcher.

Un enjeu particulier est de veiller à ce que ce soit pérenne. Il y a un fort effet de *turnover*, et c'est dramatique pour les associations de jeunes. Le *turnover*, c'est la mort des associations. C'est très difficile de transmettre le bébé à la génération suivante. Il y a besoin d'une transmission, de formation, et les adultes peuvent aider à cela, apporter une forme de pérennité à l'action des jeunes bénévoles.

Il ne tient qu'à eux de permettre aux jeunes de s'épanouir. Apprenez à leur lâcher la grappe, apprenez à leur faire confiance. Vous verrez, vous avez tout à y gagner.

Pour donner corps à toutes ces pratiques, encourager les élus, les responsables d'établissement, il faudrait imaginer des politiques publiques qui incitent les responsables – ici les élus, là les équipes pédagogiques – à permettre aux jeunes de développer leurs propres projets. Pas des projets pensés par des vieux pour des jeunes, cela existe déjà et c'est très bien. Mais, au sein même de l'établissement ou du quartier, encourager les jeunes à croire à leurs projets en affectant un budget à leurs initiatives. Avec toutes les galères, avec toute l'imprécision que l'on peut imaginer. Évidemment, ce serait mieux fait si un animateur s'en occupait, c'est son métier. Mais il faut justement laisser les jeunes se planter, faire des erreurs de débutant, expérimenter par eux-mêmes.

Ce que je propose, c'est de remplacer le sentiment d'inutilité sociale qui habite de trop nombreux jeunes par la possibilité de construire leurs propres projets, de remplacer le désœuvrement par la responsabilité d'entreprendre, l'ennui de n'être nulle part à sa place par la certitude de pouvoir faire pour son lycée, son quartier, sa ville. Je suis profondément convaincu qu'une volonté politique menant à l'ouverture des possibles pour les jeunes permettrait de modifier en profondeur le rapport de certains jeunes à la politique, au collectif. En leur permettant d'accéder très tôt au sentiment d'utilité publique, à la valorisation de leur action par les autres, en les ouvrant à la possibilité d'œuvrer pour toutes et tous, à leur échelle. Parce qu'à grand pouvoir, grande responsabilité : comme Spider Man, si l'on donne du pouvoir aux jeunes, ils honoreront leurs responsabilités dans l'écrasante majorité des cas. Parce qu'ils sont la part de la population la plus violemment frappée par le sentiment de ne valoir rien, parce que la République le leur fait savoir très régulièrement en appuyant sur le fait qu'à ses yeux ils ne sont que des délinquants potentiels. Parce que la détermination par le regard de l'autre est une des choses les mieux documentées en psychologie contemporaine. Je ne suis pas un béni-oui-oui en disant cela : je suis le plus cartésien du monde, je m'appuie sur les recherches en sciences sociales et mon expérience au contact des jeunes depuis plus de vingt ans maintenant. Je suis résolument certain de ne pas me planter. Et oui, ça n'engage que moi – et c'est bien bien dommage.

Vers une politique de la jeunesse par *les jeunes et non* pour *eux*

Tout ce que j'ai développé dans ce chapitre se résume à une politique d'inclusion de la jeunesse dans l'espace de la décision politique et plus généralement citoyenne, dans le vivre-ensemble. Il est urgent d'ouvrir les portes et de pousser les murs pour faire une place aux jeunes dans la République. Soit en réintégrant leur parole dans la délibération démocratique, soit en multipliant les échanges des décideurs avec les enfants et les jeunes afin de se mettre à la hauteur de leurs besoins et de leurs représentations, soit en leur confiant des responsabilités et en encourageant leurs initiatives.

Cette visée d'inclusion débouche sur une réinvention des politiques de la jeunesse, qui gagneraient à être placées sous le signe de l'autonomie. Non plus des politiques *pour* les jeunes (ni contre les jeunes !), mais des politiques *par* les jeunes. Comme le menu à la cantine !

Prenons le SNU. Il y a un impensé dans ce modèle, et c'est précisément l'initiative des jeunes eux-mêmes. C'est un modèle militaire qui insiste sur la discipline. Se mettre au garde-à-vous, faire des pompes, saluer le drapeau le matin ! Je ne suis pas opposé aux stages de jeunes dans l'armée. Ça existe déjà et ça marche très bien. Mais une politique d'intégration de la jeunesse à la société, puisque c'est l'idée, devrait s'appuyer sur une valorisation des initiatives des jeunes.

Allons plus loin : est-ce de *service* qu'il faut parler ? La question se pose aussi pour le service civique. Il serait beaucoup plus sensé de s'appuyer sur l'idée de volontariat et, s'il faut le faire dans une structure existante, alors parlons de *contrat de volontariat*. Par ailleurs, le service civique devrait se limiter aux associations. Les collectivités locales ne sont pas très bonnes pour gérer des jeunes en services civiques. C'est trop souvent de l'emploi déguisé – les jeunes qui se retrouvent à faire la police dans les cantines scolaires.

Faire du volontariat, ce n'est pas faire un stage ou bénéficier d'un emploi aidé. C'est donner de son temps et de son énergie. Un ou une volontaire est accueillie par une structure pour mener à bien une mission.

Cela a été dénaturé quand, avec la remontée du chômage au début des années 2010, on en a fait un mode d'insertion professionnelle. C'est revenu sous Macron après le Covid. Trop de jeunes au chômage ?

Allez, on va les mettre en emploi précaire, on va les mettre en mission, on va les mettre en service civique. Ça ne peut pas marcher, ce n'est pas fait pour ça. Et surtout on passe à côté de l'essence première du service civique : celle du volontariat, de l'énergie, de l'initiative. Et beaucoup de jeunes aujourd'hui sont contre le service civique parce qu'ils disent que c'est du sous-emploi. Ils ont tous un pote qui a fait un mauvais service civique. Quel gâchis !

Moi, j'aimerais que les jeunes puissent venir avec leur mission vers une association en disant : est-ce que vous pouvez m'accueillir en service civique pour que je fasse ça ? Au début, c'était pensé comme ça : la mission était à l'initiative des jeunes qui frappaient à la porte de la structure.

Et si on retrouvait cet esprit ? De nombreuses assos seraient partantes, avides même d'accompagner des jeunes, et qui seraient d'accord pour les laisser expérimenter. Une bonne idée serait d'ailleurs de leur apprendre à trouver la bonne posture : ni laisser-faire complet, ni mise sous tutelle.

C'est une clé possible des politiques de la jeunesse. Des politiques dont tout un pan serait d'équiper les adultes pour être de bons accompagnateurs. Et que cent fleurs s'épanouissent[1] !

1. C'était un pari avec un pote : citer le Conseil d'État et Mao dans le même chapitre. J'ai gagné !

Revitaliser la démocratie

Les enjeux d'une refondation de la politique de la jeunesse dépassent de très loin le sort des seuls jeunes. C'est de notre existence collective en tant que peuple qu'il s'agit. La défiance envers le politique, l'impossibilité à s'entendre sur ce qui nous est commun, la difficulté à envisager l'avenir avec sérénité sont aujourd'hui portées à un niveau d'incandescence rarement atteint au cours de notre histoire.

Notre vie politique est abîmée, et il est impossible aujourd'hui de dissocier la faillite des partis traditionnels et notre échec collectif à insérer la jeunesse dans les circuits de la délibération et de la décision démocratique. On ne sauvera pas notre démocratie sans faire une place aux jeunes. Nous avons besoin d'eux pour la régénérer. Pas demain : maintenant.

Et je suis sûr que c'est à notre portée. Dans les chapitres qui précèdent, j'ai pointé les enjeux et les moyens de cette réinsertion, avec cette idée centrale que la balle est dans le camp des adultes et des politiques : c'est à eux de se bouger, d'aller au contact et de se mettre à l'écoute, de réengager le public d'aujourd'hui, de s'appuyer sur la capacité d'initiative des jeunes et de l'accompagner.

La reconnexion est possible. Ce serait une faute de s'arrêter à la « dépolitisation » des jeunes. Ils ne sont pas plus dépolitisés que vous et moi, ils ont simplement cessé d'investir le vieux monde, ses partis, ses modes de délibération. Ils habitent déjà, avec une infinité de nuances et d'intensité dans leurs croyances et leurs engagements, un nouveau monde politique. Si l'ancien ne veut pas se transformer en squelette, il faut qu'il incorpore ce nouveau monde. Pas demain : maintenant.

J'ai beaucoup parlé des pratiques, en pointant des innovations, de nouveaux modèles de leadership ou de délibération, des expériences et des initiatives. Comment donner un élan plus fort à ces émergences ? Pour en faire un élément central de notre culture politique, on peut réinvestir la question des institutions. Voici quelques pistes.

Un enjeu démocratique : incorporer la voix des jeunes et des enfants

Il y a une histoire longue de la démocratie, qui nous a vus grandir collectivement en accueillant dans l'espace de la décision politique des catégories qui en étaient exclues. Le tiers état sous la Révolution, puis au fil du XIXe siècle des cercles concentriques d'hommes de plus de 21 ans, d'abord peu nombreux, puis sans exception, puis les femmes en 1946, puis les 18-21 ans sous Giscard, puis les étrangers européens à certaines élections.

Les enfants et les adolescents restent en marge de cette histoire, minorité non représentée du fait qu'ils sont, justement, mineurs. Mais cette « minorité » a aussi été le sort des femmes dans le Code Napoléon, elle a été le fondement implicite de l'exclusion durable de ceux qui n'étaient ni instruits, ni propriétaires. Or, les fondements de cette exclusion sont fragiles. Quand on prend des décisions sur le climat, la minorité, les gens de 60 ans seront presque tous morts quand les effets des décisions se feront sentir, alors que ceux de 15 ans seront quasiment tous vivants. Le lien entre minorité juridique et non-représentation politique est fragile et contestable.

Cela nous amène à un vieux débat, sur lequel on m'interroge souvent : l'âge auquel on peut participer aux élections.

Une mauvaise façon de le poser, c'est la proposition d'abaisser l'âge légal, en le faisant passer de 18 à 16 ans par exemple. Cela ne fait que déplacer la question, et on ne voit pas en quoi cela résoudrait, par exemple, la question de l'abstention. Et puis pourquoi tel âge et pas tel autre ? Pourquoi un seuil entre 15 et 16 ans ? Moi, je suis favorable à ce que, dès la fin de son cycle d'enseignement primaire, à l'entrée au collège, un jeune qui le souhaite ait la possibilité d'aller s'inscrire sur la liste électorale. Un jeune qui met ses baskets, qui va à la mairie, remplit un formulaire, il a coché toutes les cases pour montrer qu'il a la volonté de participer. Cela n'empêche pas que tout le monde soit inscrit automatiquement sur la liste électorale à 18 ans.

À ceux qui dénonceraient le caractère prétendument irresponsable d'un collégien, je répondrais qu'à partir de 13 ans, on estime qu'un enfant a suffisamment de discernement pour assumer un acte délictuel ou criminel qui engage sa propre liberté et peut lui faire encourir une peine en centre fermé. De même, si un enfant de 7 ans peut être entendu par un juge (si celui-ci estime qu'il a suffisamment de discernement), si dans certains métiers les gamins travaillent à 14 ans, si à 16 ans on peut conduire un tracteur, si à 17 ans on peut piloter un hélicoptère (mais pas une voiture pour rejoindre l'héliport !), pourquoi attendre 18 ans pour être en droit de voter ?

Le droit de vote à 18 ans est devenu un rite de passage symbolique, un des éléments de la société du bizutage que j'évoquais au début de ce livre : avant 18 ans, ferme ta gueule, tu n'as rien à dire parce que tu n'as pas le droit de vote. C'est une double disqualification, juridique et politique. Finissons-en ! J'ai montré tout au long de ce livre l'enjeu de requalifier la parole des jeunes : une réforme du droit de vote serait un acte fort dans cette direction.

Mais l'élection n'est pas l'alpha et l'oméga de la vie démocratique. Revenons aux enfants de 7 ans qui peuvent être entendus par un juge. Si, à cet âge, on a le droit de parler à un juge, on devrait aussi pouvoir parler à un politique, et dans de bonnes conditions. Parler, entendre, échanger : c'est ça aussi la vie démocratique !

Soyons cohérents. À partir de quel âge doit-on pouvoir être entendus en politique ? Dès la naissance, en théorie. Les bébés en poussette aussi ont des droits. Bien sûr, la parole des enfants est une émergence[1], elle n'est pas encore construite. Mais c'est en se mettant, littéralement, à leur hauteur – comme moi dans la cour de récré ! – qu'on a développé des mesures contre la pollution, le jour où on a compris que les mômes en poussette respiraient directement la fumée des pots d'échappement, et que la prévalence de l'asthme dans les grandes villes était affolante. Une politique formée à partir de cette « voix » des enfants a du sens – et bien évidemment elle se fait au bénéfice de tous, même de ceux qui mesurent deux mètres et respirent moins de fumée de pot d'échappement. (Et moins d'asthmatiques, c'est un peu moins de pression sur le système de santé, sur la sécu, et sur les salariés et les

1. Étymologiquement, l'enfant, c'est l'*in-fans*, celui qui ne parle pas.

employeurs qui cotisent pour la financer !) Voilà un bel exemple des bénéfices d'une démocratie qui élargit les « voix » consultées.

Il y a beaucoup d'autres exemples de ce que peut amener une incorporation de la parole et des intérêts des plus jeunes. Restons du côté des enfants. J'ai dénoncé dans ce livre le fait que les villes étaient de moins en moins accueillantes pour les plus jeunes, qu'elles n'étaient pas assez pensées pour eux. Mais il y a des contre-exemples, comme les « rues aux écoles » à Paris : devant certaines écoles, des rues piétonnisées et végétalisées. C'est un urbanisme nouveau, qui apaise l'espace public pour bien d'autres usagers, à commencer par les parents, les personnes âgées, et qui l'apaise en l'animant parce que les enfants investissent ces espaces repris à la circulation, comme autrefois : nombreux sont ceux à jouer au ballon ou à chat devant leurs écoles à présent. Oui, cela pique un peu les automobilistes, mais rien d'ingérable pour eux au regard des bénéfices considérés. Et c'est un premier pas vers le sentiment profondément démocratique d'avoir sa place, de ne pas être oublié ou tenu en lisière de la vie collective – ou parqués dans des squares qui s'apparentent à des jungles, où la densité au mètre carré de toboggan est démente et franchement hostile pour un gamin de 2 ans.

Autre exemple, moins évident, la réforme des rythmes scolaires. Là, pour porter une parole qui exprimait les intérêts et les besoins des enfants, on s'était appuyé sur des chronobiologistes, qui expliquaient pourquoi il fallait respecter les rythmes de l'enfant, et pointaient à quel point l'école correspondait bien au rythme des adultes, mais mal à celui des enfants. Cette réforme, portée par Vincent Peillon, a été très difficile et reste incomplète. On sait par exemple le poids du secteur des sports d'hiver, qui tient mordicus aux quinze jours de vacances d'hiver alors que moins de 10 % des Français partent au ski !

L'enfance, c'est un rythme annuel, un rythme hebdomadaire et un rythme quotidien. Comment organise-t-on le temps sur l'année ? On sait très bien que les immenses vacances d'été ont été installées du fait des besoins des agriculteurs des années 1880 qui faisaient travailler les gamins au moment des moissons, et que l'intérêt des professionnels du tourisme contribue aujourd'hui à préserver cette pratique que n'ont pas nos voisins européens. Mais l'effet sur les apprentissages est désastreux[1] et, une fois de plus, tout le monde ne part pas en vacances ; en matière de vie collective, d'inégalités, de gamins qui traînent dans les quartiers, des vacances d'été aussi longues sont une aberration ! Quant aux parents, ils n'ont pas deux mois de vacances et cela leur complique énormément la vie, sans parler du souci qu'ils se font pour leurs mômes livrés à eux-mêmes (aka aux écrans) quand ils ont passé l'âge d'aller en centre de loisirs dès l'entrée au collège. L'intérêt collectif exigerait ici de porter beaucoup plus haut les intérêts des enfants, au bénéfice de tous. Même si l'on s'en tient aux apprentissages, et qu'on raisonne en termes de PIB futur, il y a des enjeux énormes !

Une démocratie qui s'attache à incorporer les voix des plus jeunes, leurs représentations, leurs intérêts a de meilleures chances de trouver des solutions au bénéfice de tous. Le but, ce n'est pas de faire de la place aux jeunes par jeunisme, ou pour leur faire plaisir, ou par clientélisme. C'est parce que toute la société a intérêt à être inclusive, cela doit être un axe politique majeur.

---

1. On le sait depuis… 1906 ! Pour une synthèse des travaux sur ce sujet, voir Mickaël Lontie, « Les vacances d'été nuisent-elles aux apprentissages ? », UFAPEC, 2017.

La question de la représentation des jeunes

S'il est souhaitable, comme nous l'avons vu, de développer des formes de démocratie participative et de bien les articuler aux autres modes de délibération et de décision, la démocratie dite représentative reste incontournable, et avec elle les partis. Une démocratie sans élus, et sans partis, reste aujourd'hui une vue de l'esprit. Comment les revitaliser ?

Observons tout d'abord que la fin du cumul des mandats a ouvert des espaces. J'entends beaucoup de voix regretter la fin du député-maire, mais les cumulards professionnels ont fait beaucoup de mal à la politique[1], et le cumul des mandats a contribué à éloigner les jeunes de la politique. Cela créait des baronnies locales, que ce soit au PS ou à l'UMP, et cela fermait le jeu.

Mais pour ouvrir le jeu de la représentation à des jeunes, il faut aller plus loin. Comment favoriser l'arrivée de jeunes élus ? Le modèle des quotas, utilisé pour développer la présence des femmes dans les assemblées, n'est sans doute pas le plus opérant ici. En revanche, on peut identifier un déblocage possible : le passage, pour certaines élections comme les législatives, du scrutin uninominal majoritaire à deux tours à une compétition entre listes (et donc une proportionnelle, intégrale ou pas). Le scrutin de liste est le

1. J'ai fait partie des militants qui s'activaient pour mettre fin au cumul des mandats. Avec des copains d'Animafac, on avait créé un projet qui s'appelait Cumul Info Service. On avait copié le site Tabac Info Service, avec des conseils de médecins. On avait créé une campagne qui s'appelait « Arrêtez de cumuler en 90 jours, c'est possible ». Cela permettait aux internautes d'envoyer un mail automatique à leur député cumulard pour l'inciter à se délester de ses mandats avant la date butoir qui était la rentrée parlementaire.

meilleur moyen d'insérer rapidement des jeunes dans les circuits de la décision.

Pas mal de choses se sont débloquées par rapport à la petite tendance gérontocratique qu'on a longtemps observée dans la politique française. De Macron élu à 39 ans à la présidence à Bardella arrivé en tête des Européennes de 2019 à seulement 28 ans, en passant par tous les jeunes élus LFI à l'Assemblée nationale en 2022, sans oublier Gabriel Attal devenu Premier ministre à 34 ans, les lignes bougent. Mais les partis, qui sont des institutions eux aussi, ne se mobilisent pas suffisamment sur cette question – soit qu'ils n'en aient pas saisi les enjeux, soit qu'ils ne sachent pas comment faire.

Il y a pourtant des modèles, des partis, à gauche notamment, qui prennent sur eux d'être plus vertueux que le système et d'essayer de le changer de l'intérieur, en explorant d'autres manières de faire de la politique.

On peut regretter que le centre et les droites soient beaucoup moins actifs sur cette insertion des jeunes dans le monde des représentants, et on peut regretter tout autant les cris d'orfraie de l'*establishment* devant le désordre des jeunes élus LFI à l'Assemblée. Il faut prendre son risque, comme dirait Macron : en l'occurrence, le risque d'une certaine agitation sur les rangs du Parlement, si l'on ne veut pas laisser à la porte les convictions et les indignations d'une large partie de la jeunesse !

Je reviens à Gaza : les avis sont évidemment très partagés, mais un élément clé, c'est que nous sommes ici dans un moment de socialisation politique comme il n'y en a qu'un ou deux par décennie. Un moment comparable, par exemple, à ce qu'a été le CPE pour ma génération. Cela cristallise quelque chose. La socialisation politique des jeunes se fait toujours à l'occasion d'événements politiques. Ils se politisent lorsqu'il se passe quelque chose de grave qui les mobilise et d'un seul coup déclenche chez eux une soif de compréhension du politique.

Cela peut se jouer sur des mouvements sociaux : Nuit debout, le mouvement des Gilets jaunes, le mouvement contre la réforme des retraites, le mouvement contre la réforme du bac. Ce peut être des événements internationaux : Fukushima sur le nucléaire, les rapports du GIEC, les COP pour la génération Climat en 2018-2020, la guerre en Ukraine et aujourd'hui, Gaza.

Dans ces moments-là, les jeunes prennent la politique, dans ce qu'elle a de plus moche, en plein visage. Ils prennent la violence de la situation d'un seul coup. Ils ne sont pas juste concernés, ils sont ulcérés. Les partis ont une obligation morale de partir de cette colère estomaquée, même et surtout si celle-ci s'exprime contre eux, au motif qu'ils seraient l'incarnation de l'ordre-colonial-patriarcal-occidental-impérialiste-etc. Ils ne *peuvent pas* la laisser sans réponse. Il ne s'agit pas de s'aligner sur les slogans du Hamas, mais de prendre la mesure de ce qui se joue pour les jeunes d'ici et d'incorporer ce choc, cette déflagration, à leurs réflexions, à leur parole, à leur action ; d'écouter, d'entendre, de répondre. Sans quoi l'institution qu'ils sont sera démonétisée et délaissée.

Le meilleur moyen d'incorporer cette émotion politique, c'est d'accueillir ceux qui en sont porteurs. De les insérer dans le jeu démocratique. De renouveler la politique avec cette colère, mais aussi de « civiliser » cette colère.

La politique est un art de civiliser les conflits. Si elle l'oublie, ces conflits et ces colères ne disparaissent pas, mais ils se transforment, se durcissent ou pourrissent, pour donner, dans le pire des cas, des radicalités incontrôlables – le terrorisme politique en est une, tout comme la guerre civile reste l'un des horizons d'une société qui ne s'attacherait pas, constamment, à civiliser ses conflits et émotions pour les ramener dans le champ de la discussion démocratique.

L'avenir au présent

Aujourd'hui, les mondes de la jeunesse et ceux de la politique se rencontrent peu, et ils se rencontrent mal. Cette disjonction est au cœur d'un malaise démocratique qui secoue de plus en plus rudement la société française.

« Le vieux monde se meurt, le nouveau monde tarde à apparaître et dans ce clair-obscur surgissent les monstres », écrivait Antonio Gramsci. Entre le vieux monde et le nouveau, entre la politique à l'ancienne et les formes qui émergent aujourd'hui, l'incompréhension semble parfois complète. Le rejet est réciproque. Et si on évitait les monstres ? Il n'est jamais trop tard. Il est temps d'apprendre à se parler, et à s'écouter. De sortir des malentendus – une formule que j'ai régulièrement employée dans ce livre, et qui dit bien notre problème : à la fois un dialogue de sourds, et une certaine façon de ne pas s'entendre, de cultiver une forme d'aversion mutuelle.

Entre le vieux monde et le nouveau, la tentation de la disqualification mutuelle est constante, omniprésente, et elles se nourrissent l'une de l'autre. Comment sortir de ce piège ?

Notre société, surtout dans ses voix « autorisées », celles des politiques, des médias, des intellectuels, a spontanément tendance à cibler la responsabilité exclusive de la jeunesse – d'une jeunesse appelée à grandir, à cesser de s'abstenir aux élections… ou au contraire à le faire quand elle vote pour les

« extrêmes » ! C'est un peu facile, n'est-ce pas ? Et, pour le coup, ce n'est pas une position très adulte.

Parvenu au terme de ce livre, j'espère vous avoir aidé à comprendre que la balle est au contraire dans le camp des adultes. Je ne m'en exclus pas : j'ai 35 ans, je ne suis pas un jeune, et dans ce livre je ne me suis pas fait le porte-parole de la jeunesse – je n'en ai ni l'envie, ni la légitimité. Je me vois davantage comme un de ces médiateurs qui font le lien entre les deux mondes. Et c'est bien à partir de cette position de médiation que j'ai développé mes clés de lecture de cette rencontre manquée entre les jeunes et la politique.

Mais je reste, aussi, un militant de l'éducation populaire, qui reste pour moi une matrice de pensée : j'ai cité Jean Macé, le fondateur de la Ligue de l'enseignement, qui il y a plus de cent cinquante ans avait eu l'intuition que le suffrage universel ne suffisait pas et qu'il fallait « faire des citoyens ».

L'instruction publique, *via* l'École de la République, a longtemps été *la* réponse à cet enjeu majeur de la démocratie dans un régime de suffrage universel. Mais cela ne suffit plus. La République reste toujours un projet : elle ne se satisfait pas de ce qu'elle est, elle ne vit qu'au regard d'un idéal qui évolue au fil du temps. Elle n'existe que dans l'histoire et elle est ainsi, constamment, à reprendre.

Une bonne partie du XXe siècle a été consacrée à en faire une république sociale, en adjoignant aux institutions politiques et à l'école publique les institutions de l'État-providence. Pourquoi ? Parce que des besoins avaient émergé, et avec eux une conflictualité sociale qui aurait pu dégénérer en révolution, en guerre civile, et même en terrorisme comme on l'a vu dans les années 1970-1980. Cela a été l'aventure de plusieurs générations d'incorporer ces enjeux, et avec eux ceux qui – hors du champ politique qui les considérait avec inquiétude ou suspicion – en étaient porteurs, en premier lieu les syndicats de salariés.

Quels sont aujourd'hui les défis de notre République ? Le tableau est incomplet, « le nouveau monde tarde à apparaître ». Mais nous savons que la confiance en l'avenir, en les autres, en les institutions est aujourd'hui fragile ; que la tentation autoritaire se développe partout dans le monde, et que la démocratie doit se régénérer pour lui répondre. Nos institutions doivent évidemment évoluer – j'ai modestement donné quelques pistes dans ces pages, mais nous pouvons et devons toutes et tous y contribuer.

Si nous voulons savoir à quoi ressemble le nouveau monde, et nous donner une chance de l'accueillir sans laisser les « monstres » s'y inviter, c'est vers la jeunesse qu'il faut se tourner. Ramener les voix de la jeunesse au sein de nos institutions politiques est un enjeu majeur pour la survie de nos institutions, et pour notre avenir collectif. Cet enjeu est notre plus grande urgence. On ne peut pas s'en remettre au passage du temps, qui amènera naturellement les jeunes d'aujourd'hui aux responsabilités dans vingt ans. La jeunesse, ce n'est pas l'avenir : c'est le présent.

La jeunesse a besoin de nous comme nous avons besoin des voix de la jeunesse pour régénérer notre vie démocratique. Des voix qui circulent, qu'on invite à s'exprimer, qu'on va écouter, qu'on respecte, dont on accompagne les projets. Ces voix, ce sont des paroles qu'il faut faire résonner dans nos instances démocratiques comme dans l'espace public. Elles sont bien davantage que des suffrages. Il est urgent de prendre parti pour la jeunesse de ce pays. Nous en sortirons grandis nous aussi.

CONCLUSION

Speed dating et *slow démocratie*

Il est vital pour la démocratie d'aller à la rencontre des jeunes. Pas à la façon de Jordan Bardella, qui évoque irrésistiblement un *date* sur Tinder, où tout matche et où rien ne matche. Le coup d'un soir, en démocratie, c'est généralement décevant.

C'est pourquoi il est urgent de sortir la démocratie de son obsession pour l'élection. La fameuse « rencontre entre un homme et un pays » ? Ces histoires d'amour finissent mal, et le XXIe siècle espère bien avoir réglé son compte au fantasme délétère du mâle alpha providentiel.

Non, l'élection est un moment important de la vie citoyenne – et on a besoin de la démocratie représentative –, mais la rencontre entre les jeunes et la démocratie se joue sur la durée, dans le quotidien des pratiques, et même dans une éthique : une certaine façon de se comporter, de prendre en compte celui ou celle qu'on a en face de soi, de se mettre en prise avec ses initiatives, son pouvoir d'agir.

Une conversation, ça prend du temps. Il faut faire l'effort de se chercher, prendre le temps de se trouver. Explorer les malentendus, en jouer parfois, les déminer ensuite. Écouter, réfléchir, répondre. Articuler des désaccords, élaborer des espaces d'entente. Trouver des compromis.

Cette conversation a trouvé jadis son espace dans la démocratie procédurale – celle des débats en assemblée et des procès-verbaux. Ça ne suffit plus. Notre espace démocratique n'attrape plus la réalité sociale, il manque des paroles essentielles et se heurte trop souvent à un mur de silence. La vie politique traditionnelle est aujourd'hui une démocratie atrophiée qui risque l'asphyxie et nous étouffe.

Pour reprendre son souffle, la démocratie doit ouvrir les fenêtres et pousser les murs, elle doit se rapprocher des lieux physiques et numériques où vivent, agissent et parlent les citoyens qui en sont les plus éloignés, ceux qu'on entend naturellement le moins, et en premier lieu les jeunes et les enfants. La sixième République pourrait se constituer autour de ce projet : une nouvelle éthique ancrée sur une volonté d'écoute et d'inclusion plus grande dans les pratiques quotidiennes du vivre-ensemble.

Car la démocratie reste notre bien le plus cher à toutes et tous. Nous devons la réinventer pour qu'elle touche celles et ceux à qui elle semble aujourd'hui tourner le dos. En leur donnant voix. Et afin qu'ils en prennent soin à leur tour. Les jeunes sont la clé de ce passage de relais. Notre société ne peut pas se permettre de manquer cette mue.

Remerciements

À mes parents et beaux-parents qui m'ont toujours soutenu

À mes coproducteurs Quentin et François, qui propulsent Backseat

À mes collaborateurs Andréa, Pemf et Thomas, qui me supportent au quotidien

À mon éditrice Laure-Hélène ainsi qu'à Richard, qui m'ont aidé à accoucher de ce livre

À mes admins et modos, qui font régner l'ordre républicain sur Internet

À Marine et Thomas, qui me portent depuis si longtemps

À Louise, Antoine et Charles, parce que notre jeunesse est éternelle

À mon public, mes followers et abonnées, que j'aime plus que tout

À mes antidépresseurs, qui font bien ce qu'ils peuvent

À mes lectrices et lecteurs, que j'espère bienveillants ;)

À tous les jeunes, que j'encourage à passer à l'action

Table

pca
cmb
édition pré-presse
livres numériques

44400 Rezé

IMPRIM'VERT®

Achevé d'imprimer
en septembre 2024
par Corlet Imprimeur
14110 Condé-en-Normandie

Dépôt légal : septembre 2024
N° d'Imprimeur : 24050610
Imprimé en France